J. S. ミル

●人と思想

菊川忠夫著

18

CenturyBooks 清水書院

ミルについて

ジョン＝スチュアート＝ミル（John Stuart Mill）は、イギリス一九世紀を代表する哲学者・経済学者である。幼時から父の厳格な教育をうけ、すでに一四歳にして大学教育に匹敵《ひってき》する学力をそなえるにいたった。一七歳のとき、父が関係していた東インド会社に入社し、一八五六年まで三十数年間、ここの社員であった。かれの多方面にわたる多くの研究は、ほとんどこの勤務中になされたものである。退職後も研究生活をつづけ、一八六五年には代議士に選出されて社会主義のために努力した。

ミルについては、明治初年以来、わが国にも紹介されて、数多くの研究書が出版されている。しかも、かれの『功利主義』とか『自由論』とかいう名著は、今なお大学のゼミナールで使用され、研究テーマに選ばれたりしている。しかし、ミルのほんとうの味をかみしめたいと思うものは、まずかれの『自伝』を読んで、その高貴な人格に心をうたれる必要があるかも知れない。

「功利主義」という名を聞くと、読者のみなさんはいったいどんなイメージを抱かれるであろうか？　恐らく《浅薄な実利主義》といったニュアンスがただよっているように感じられるであろう。ところがミルは、まさにその正反対の存在であった。つまり、一身の利益と快楽をむさぼる利己主義者とはおよそ縁遠い人柄の持主であった。ミルは、一部の特権階級が、みずからの利益のために、人民を搾取《さくしゅ》し圧制することをはげしくにくんだ。たとえば、アメリカの南北戦争の際、イギリスの朝野をあげての南方応援に抗し、かれは奴隷制反対の北軍に加担し、心からの声援を送った。またアイルランドの飢饉《ききん》に際しては、貧農のために荒蕪地《こうぶち》開墾分与策を力説して歩いた。

右のような社会正義への熱愛の反面、ミルは、はなはだ弾力性に富み、キメが細かい用意周到な思想家であった。かれは終生、虚心坦かいにして、自主的精神の結晶ともいうべき存在であった。つねに現実の変化に注目し、それをくみ入れて新しい発展をとげていった。ミルの著作には、鋭い知性、理路整然たる論述、強烈な信念、寛容な見解、率直な公正さ、などがあふれているが、その行間には、なんとなくかれの人間味の暖かさがにじみ出ている。

また、ミルは、けっして「話上手」という方ではなかったらしいが、その広い視野と誠実な話しぶりは、心ある人々の心をとらえてはなさなかった。たとえばミルが下院で演説する時、大半の議員は耳を澄まし、尊敬の念をもって傾聴《けいちょう》したという。高名な政治家グラッドストーンは、後年、「ミルが演説するときには私はいつも聖者の説教を聞いているような気がした」ともらしている。もちろんミルは、政治家としての素質と力量には欠けていた。つまり、あまりにも誠実であり率直であり過ぎた。かれは急進派の主要な論客であったが、その独創的な政策と知的率直さとは、かならずしも自党を喜ばせず、かえってあわてさせたという。

そんなわけであるから、ミルの生涯は、軍人や政治家のそれと異なって、主としてその内面的生活の変遷が興味深い。かれがいかに哲学し科学したか？　いかに人間と社会のよるべき論理をきわめたか？　いかに時代の無知と偏見とに挑戦したか？　こういった方面でミルが語りかけている事柄は、今なお不朽の価値をもつものである。それだけに冒険と行動だけを好む人たちには、あまり興味はないかも知れない。しかし、なんらかの意味で自分の思想をかためる、時代の問題と取り組もうという人達には、かなり有益な材料を提供している。

特に、ミルが青年期にいかに煩悶し、その憂鬱をいかに克服したかという点は注目に価する。その概要のみを記そう。禁欲的な学究生活をしてきた青年ミルに突然不安神経症が襲いかかる……理性的には人類を愛してその福利のために身命を捧げて努力すべきことを信じながらも、生き甲斐がさっぱり伴わない……何をしてもつまらないし充実感がない……ミルは煩悶しながらも自暴自棄にならず、消極的な逃避にも陥らずよくこれに耐える……ようやく反省とくふうとがみのって、かれの眼前に一条の光明がさしてくる……それはしだいに豊かな展望となってくりひろげられる。こうして無味乾燥な「人工頭脳」は、今やモーツアルトやウェーバーの音楽をよりよく鑑賞し、ワーズワースの自然詩やマルモンテルの追憶記をよりよく理解し得るような「豊饒《ほうじょう》な人間」になっていた。

ミルは自から次のようなことを書いている。

「自然の優美・壮厳に接して独居することは……よきものを育てる揺籃《ようらん》である。いま試みに毫《ごう》も自然のままに放置されたところのない世界を想像してみたまえ。――人間の食料を生産できるほどの地面は一坪も見逃がさず耕作しつくされている世界。花咲く荒地や自然の野原はことごとく耕作地と化し、余計な鳥やけだものは作物の敵として打ち絶やされ、余計な樹木はきり倒され、野生の灌木《かんぼく》や野の花は農業改良の名において雑草の如く引き抜かれている（合理的）世界。――かような世界はわれわれに満足を感じさせるものではあるまい。」

このように説くミルは、きわめて高い知性と、きわめて豊かな人間性とをかねそなえた学者であった。かれは瞬時といえども、人類の進歩と幸福とを念願しなかったことはない。そのために、学者としてばかりではなく社会人として、真に涙ぐましいほど真剣な努力を、死ぬまで続けたのである。

本書は、ひたすら誠実に生きようとした、一九世紀の偉大なヒューマニストであるミルの生涯と思想を、社会的背景にもふれながら、わかりやすく紹介したものである。このささやかな本を機縁として、読者のかたは、ちょくせつミルの書物をひもとかれ、ミルといっしょに問題を考えていただきたい。それが、この本を世におくるわたしの願いである。好学の方のために、ミルの翻訳書で、容易に手に入るものを紹介しておこう。

朱牟田夏雄訳「ミル自伝」（岩波文庫）
大内兵衛
大内節子共訳「女性の解放」（岩波文庫）
和田聖嗣訳「ミル功利主義」（福村書店）

最後に、拙稿の公刊に当たって、何かと有益な御教示を賜った小牧治先生に深い感謝を捧げる。

目次

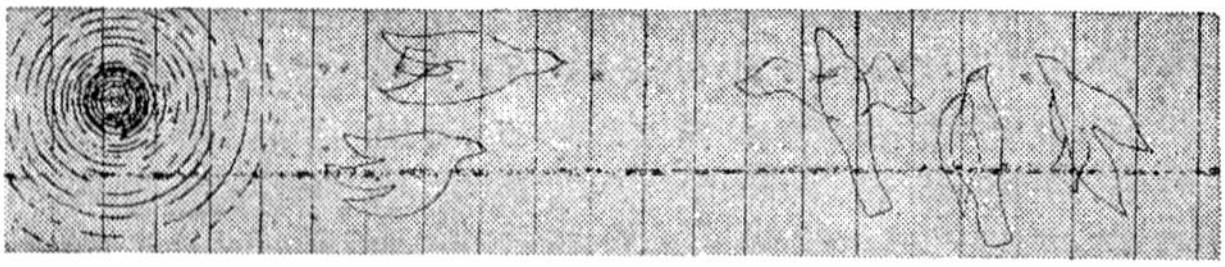

19世紀のイギリス

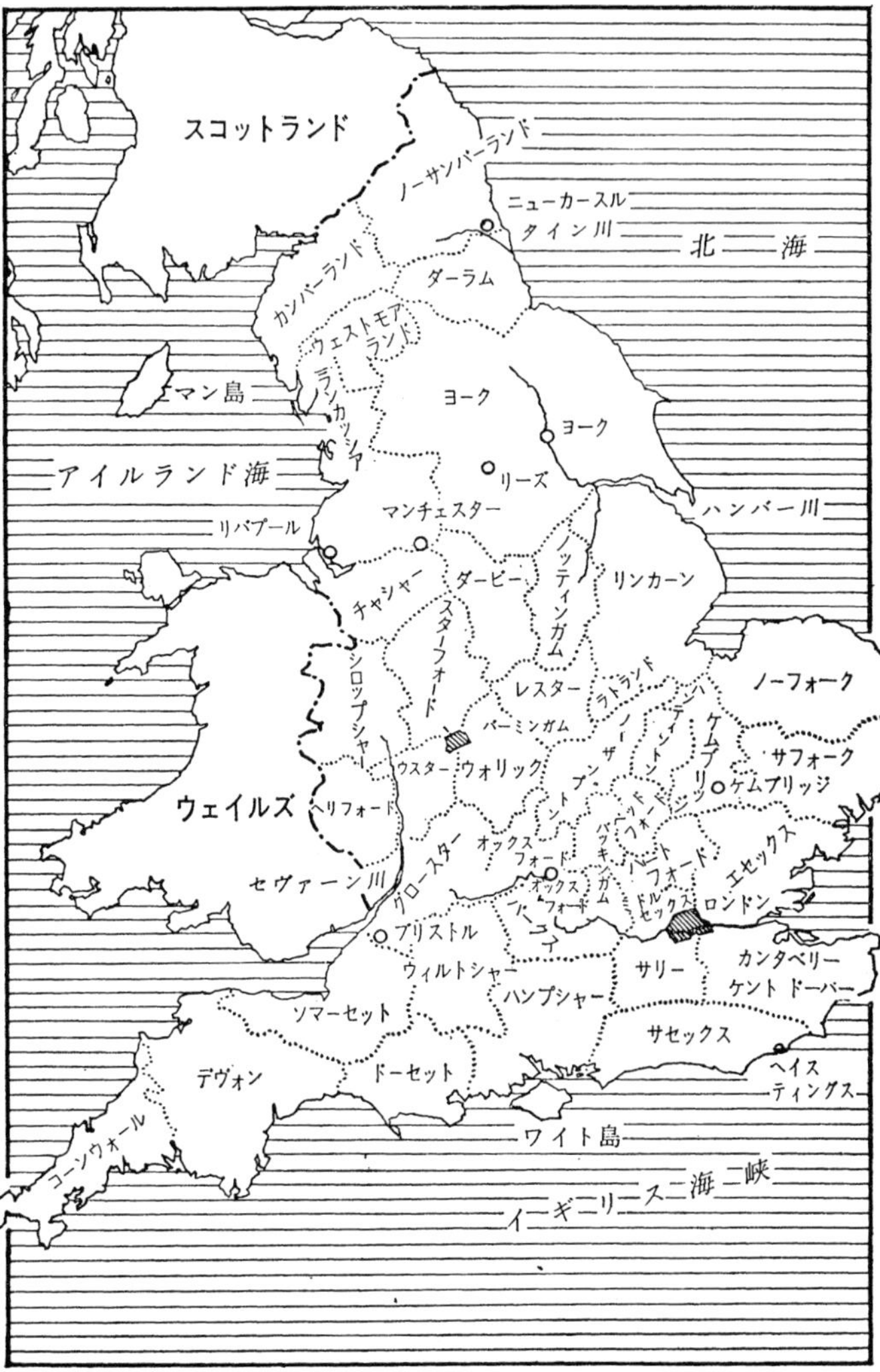

J.S. ミルはロンドンに生まれ，生涯この地に居を構えていた。しかし晩年はアヴィニョンを中心とする南仏に滞在することが多くなり，いわば二重生活に陥っていたと伝記者は伝えている。

I　J・S・ミルの生涯

現代に生きる思想家

ミルの魅力

生誕一五〇年祭 昭和三一年（一九五六年）、ジョン＝スチュアート＝ミル（John Stuart Mill, 1806—1873）の生誕一五〇年を記念する行事が、世界の各地で催され、わが国でも、記念講演会が開かれたり、論文集が刊行されたりした。今から約一五〇年前というと、わが国でいえば、もちろん、徳川時代である。正確にいうと、ミルが生まれたのは一八〇六年（五月二〇日）、死んだのは一八七三年（五月七日）であるから、生まれた年は徳川第一一代将軍家斉《いえなり》の時代である文化三年、死んだのは明治六年ということになる。完全に一世紀も古い思想家なのだから、かれの思想も、現状では、もはや通用しなくなった面が多いだろう、とひとは考えるだろう。だが、それは大間違い、けっしてそういうことはない、と断言できる。

もちろん、江戸時代の日本の思想家の書いた書物だったら、それがだれであったにせよ、諸君は、時代のずれをひしひしと感じないわけにはいかないだろう。それどころか、判読にさえたいそう苦労するだろう。ところが、ミルのばあいは、そういったカビくささをいっこうに感じない。むしろ、新鮮な印象をうけ、深く反省をせまられ、かれにひとしお親近感をいだくことさえ多いであろう。

一世紀前の思想家

ところで、かれの思想からうける新鮮さは、われわれ日本人に限ったわけではない。西欧でも、いまなおミル研究が後をたたず、たとえば、パックという人の『ミル伝』(The Life of J. S. Mill)という大著が、一九五四年に公刊されている。また、高名の哲学者で、世界平和の提唱者であるB・ラッセルは、一九五五年の講演で、

「倫理学の主要問題にかんする限り、わたしはミルとまったく同じである。いま、かれの倫理を賞揚することは、ひとところ以上に望ましいことだと思う」

としみじみと語っている。いったい、ミルという人物と思想の新鮮さの秘密は、どこにあるのだろうか？次章以下でくわしく検討するまえに、その秘密の一部を諸君にあらかじめ、マンガ劇のようなもので教えてしまおう。それは、「ミルが生きかえっていまの世の中を見たら、かれはどんな態度をとるだろうか」という仮定の寸劇である。

ミル以外の思想家だったら、こんな寸劇をやられたら、「穴の中に入りたい」気持になってしまうかもしれない。というのは、偉大な思想家といえども、一世紀前の人物であれば、ずいぶん、予測違いやら、見当違いの意見を、しかも堂々とのべているからである。

きょくたんな例をあげれば、一世紀あまり前イギリスで、「ヨーロッパに鉄道網が完成したら、およそ戦

争は不可能になろう」と声高く予言した人がいた。また、「教育が普及して文盲がいっそうされ、自由討論が始まったら、完全無欠な政治が行なわれる」と信じて疑わなかった人がいる。

この後者の例は、じつは、ミルのお父さん（ジェイムズ＝ミル）なのであるが、こういった例は、枚挙にいとまがない。

いまもなお生きているミル

ところで、ミルのばあい、「いま生きかえったら」という寸劇は、あまり観客の洪笑《こうしょう》をうけずにすむかも知れない。かれはまず、あらゆる宗教（無宗教もふくめて）への寛容が実現したのを見て喜ぶだろう。今日の女性が、政治に参加し、職業にもつき、社会的に活躍しているありさまをみて、満足するだろう。さらに、すべての子どもたちが、公費で学校教育をうけられるようになったこと、思想・表現の自由が認められたこと、などを知ってほほえむであろう。そして、かれの六八年におよぶマジメな努力は、けっきょく無駄ではなかったのだ、という生きがいにも似た感情を、あらためて味わうであろう。

しかし、しだいに、一つ一つの問題の細部を知るにおよんで、顔をしかめるようなことも出てくるに違いない。たとえば、いまの学校教育の内容、思想・表現の自由の実態、大衆社会における人間の堕落《だらく》などは、おそらくミルに渋面《じゅうめん》をつくらせるであろう。とくに、いまの女性は、恵まれている十分な機会を、いとしきハリエット（ミルの愛人で後の妻）のように香り高い教養とヒューマニズムに利用せず、低級な娯楽に興じている！　このありさまは、かれを激昂《げきこう》させるかも知れない。しかし、かれは、おそまつな現状に顔をしかめるのであって、見当違いの自分の意見に顔をあからめるのではない。ミルは、いまなお生きて、つねに新たにわれわれに呼びかけるのである。

誠実な思想家

寸劇をたどるのはそれまでにしよう。要するにミルは、まれにみる誠実の人であり、かつ緻密《ちみつ》な思想家であった。誤りのない思想家というものは、およそ神ならぬ人間には、期待できない相談であろう。ただ、ミルはそういう誤りを率直に認め、「時代の光」に照して、つねに修正する用意をもった人であった。

だから、「ミルがいま生きかえったら」といった寸劇は、どうやら企画の失敗であった。彼が、いま、ほんとうに生きかえっても、自分の考えや努力が、根本において間違っていなかったのをみて、うなずくであろう。ただ、世の現状にとまどうかもしれない。しかし、寸時のとまどいののち、新しい条件や発展のポイントをおさえ、自己の思想を適格に修正していくであろう。かれは、そういう実力と柔軟性とをそなえた思想家だったといえる。昔からいわれた、『論語』の言葉に、「己れの過ちを改むるにはばかることなかれ」というのがある。ミルこそ、まさにこの一句を地でいった人物であった。

ミルが生きた時代

ミルの生誕のとき

ジョン＝スチュアート＝ミルは、ジェレミ＝ベンタム（一七四八―一八三二）のもっとも忠実な弟子ジェイムズ＝ミルの長男として、一八〇六年ロンドンに生まれ、一八七三年南フランスのアヴィニオンで客死した。

ミルは有名な『自伝』のはじめに、その生涯を形容して、「平穏無事」と言っている。そのように、当時は、今日の激動する世界情勢と比較すれば、なんといっても「古きよき時代」であった。「中流階級《ミドルクラス》の女王」といわれたヴィクトリア女王の時代で、まさにヴィクトリア朝の黄金時代といってもよい時代であった。

しかし、細部にわたって検討してみればわかるように、この時代は、やはり、大きなうねりの一環としての過渡期であった。大ざっぱに言ってしまえば、

①経済的には産業資本の確立期

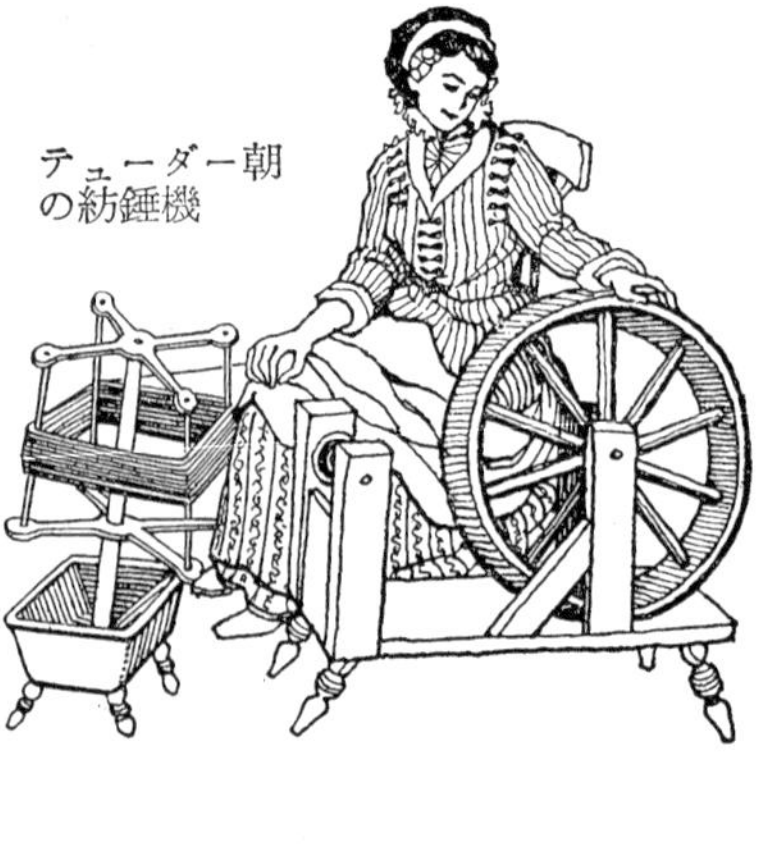

テューダー朝の紡錘機

②政治的にはデモクラシーの発展期
③対外的には自由主義政策を軸としながら帝国主義の萌芽《ほうが》をも含んだ時期であった。

世界の工場

ミルが生まれるすこしまえ、一八世紀の後半から一九世紀の初めにかけて、イギリスでは社会的に一大変化がおこっていた。一七三三年ジョン＝ケイが、結びついた紐《ひも》をひいて往復させる飛梭《おさ》を発明した。それいらい、一七六〇年代の中頃から七〇年代の末にかけて、ハーグリーヴズ、アークライト、クロンプトンらの手で、糸をつむぐための便利な機械が発明された。

ハーグリーヴスのジェニー紡績機

これとならんで、動力のうえにも大変革がおこった。ジェームズ＝ワットの蒸気機関がこれで、一七八五年にはじめて紡績機に応用されて以来、イギリス各地の木綿工場で使われて、生産の能率を高めた。

こうして、機械による生産は、ふるい道具による生産、つまり手工業にくらべて、けたちがいに多くの商品をつくり出した。しかもそれらは、多くの人手にかかったそれまでの商品よりも、ずっと安かった。したがって、このような商品は、海をこえて、世界の各地に、どんどん売りさばかれたのである。こうしてイギ

ら左図へと風景や動力が変わって行く

リスは、「世界の工場」とよばれて、その国富はめざましく増大した。

産業資本の確立

産業革命は、フランス革命のような、政治上のはなばなしい事件とは違って、静かに、しかも確実に行なわれて、各方面に大影響を与えた。すなわち、機械を取りつけた都市の大工場が、旧来の農村マニュファクチュアにとってかわり、そこで働く労働者の数も、おびただしくふえ始めた。いままで、わりに人口の少なかったイギリスの中部や北部に、マンチェスター、バーミンガム、シェフィールド、リーズ、グラスゴーなどの近代的な工業都市が、ぞくぞくと生まれた。

それとともに、産業ブルジョアジー[1]の力が非常に強くなり、かれらは今までの古い社会や制度にむかって勇敢に挑戦し、それらをつぎつぎに改革していった。功利主義の祖ベンタム（本シリーズ第16巻参照）を中心とする人たちは、哲学的急進派（Philosophical Radicals）と呼ばれて、このような産業資本の新しい動きに理論的根拠を与えると同時に、また、

1) 生産会社を経営して、商品の生産・販売により利潤を得る資本家で、当時市民階級の中心的存在となった。

産業革命がもたらした変化。右図か

それの推進に努力した。

選挙法の改正

イギリスでは、すでに一七世紀に二回も革命があって、議会制度がゆるぎのないものになり、トーリー党とホイッグ党が交代で政権をとる責任内閣制が、とられるようになっていた。しかし、じっさいに議会で勢力をふるってきたのは、地主や貴族で、産業ブルジョアジーは、まだまだ政治の舞台からしめ出されていた。というのは、当時のイギリスの選挙法は、一五世紀にきめられたもので、まったく時代遅れであったからである。

ことに、産業革命以来の人口の移動ははなはだしく、各地に腐敗選挙区[1]ができてしまっていた。たとえば、マンチェスターのような新興都市は、ひとりも代議士を出せず、逆に、人口の急速な流出でまったく荒れはてて、数軒の家しかない地区が代議士を選出できる、というありさまであった。後者のような、有名無実の選挙区では、旧勢力の側からすれば、買収も簡単であり、初めから当選確実であった。

1) 産業革命による大量の人口移動で、選挙民が少なくなってしまい、金や酒で買収されて、地方のボスの言いなりになる選挙区のことをいう。

そこで旧勢力は、いろいろな口実をつけて、選挙法の改正運動に応じない姿勢をとってきたのである。一八三〇年、フランスの七月革命の影響をうけて、イギリスでもトーリー党内閣が辞職し、かわって、進歩派のグレイを首相とするホイッグ党内閣が成立した。この内閣は、産業資本家や国民の強い要望にあとおしされて、一八三二年六月、ついに選挙法改革案《リフォームビル》を議会で成立させた。こうして産業ブルジョアジーは、完全な勝利をおさめ、旧勢力（地主・貴族）をしだいに圧倒していくのである。ときにミル二六歳の夏であった。（巻末年譜参照）

穀物法の廃止

選挙法改正をきっかけにして、ながい間の懸案《けんあん》がつぎつぎに改革されていった。このうち、もっともたいせつなのは、穀物法《コーンロー》の廃止であろう。いったい、この穀物法というのは、一八一五年に成立したもので、大陸の安い穀物が入ってきて、国内の地主の利益がおびやかされないように、輸入穀物には高率の関税をかける、というものである。

ところが、これでは、生活費が高くなって、労働者の賃金を高めるので、産業ブルジョアジーや労働者階級にとって、ともに不都合な規定であった。そこで、一八三八年、マンチェスターの企業家コブデンとブライトの指導のもとに、「反穀物法同盟」[1]がつくられ、これが中心になってはげしい反対運動が展開された。この結果、保守党の一部までが、これに賛成するようになって、一八四六年、穀物の輸入税は廃止さ

1）一八三二年の選挙法改正後、トーリー党は保守党に、ホイッグ党は自由党に改組された。

れることになった。ミル四一歳のときの出来ごとである。

自由主義の黄金時代

穀物法廃止についで、航海条例[1]も一八四九年廃止された。また、これより少しまえ、ミル親子が勤めていた東インド会社の独占権も廃止されて、東洋貿易は、いちおう自由化されるようになった。カナダやオーストラリアの自治も認められ、一部には、植民地無用論もとび出すしまつで、まさにイギリスは自由主義を謳歌《おうか》する「よき時代」であった。

そのほか、一八三三年には奴隷廃止法が議会で成立している。また、不十分とはいえ、一八〇二年の「幼年工保健法」の制定いらい、労働者の働く時間やその最低条件をきめた工場法の制定とか、救貧法の改正とか、地方自治の保障とか、画期的な郵便制度などが行なわれている。

チャーチスト運動

ところで、以上のようだと、イギリスでは、すべてはあまりにも順調に進歩しているかのようにみえる。が、じっさいは、数多くの障害や反動があり、多大の犠牲があったのである。

さきにのべた一八三二年の選挙法改正のとき、労働者は産業ブルジョアジーの味方をして戦った。が、い

1) クロウムウェルの出したもので、外国船による貨物の輸送を禁じた法令。

ざ改正が実現してみると、選挙権のための財産資格がきびしく、普通の労働者には選挙権が与えられなかった。そのうえ、新しい議員たちの腐敗ぶりは、目にあまるものがあった。

そこで、一八三九年ごろから、有名なチャーチスト運動が展開されるのである。この運動の推進者たちは、政府のきびしい監視をうけながらも、新聞やパンフレットをくばり、集会やデモを行なって気勢をあげた。

かれらの主張は「人民憲章《ピープルズチャーター》」六か条に要約される。一、毎年議会　二、普通選挙権　三、無記名投票　四、平等な選挙区　五、立候補者の財産制限撤廃　六、議員有給制

いまからみれば当然のことばかりであるが、政府は徹底的な弾圧政策をとった。ために、一八四八年以降は急速におとろえ、直接的には、実を結ぶことなく終わってしまった。

ミルの晩年の時期

しかし、この運動は、けっして無意味であったわけではなく、他面、啓蒙的な役割を十分に果たした。五〇年代〜六〇年代に入って、「新型組合」（職能別組織）が組織されるようになると、労働者の選挙権拡張運動は、ふたたびさかんになった。知識階級の間にも、もう一度選挙法の改正をやって、労働者をふくめた、いっそう多くの人びとのための政治を、行なわねばならない、と主張する人びとがでてきた。ミルもその一人で、このような運動におされて、保守党のディズレーリは、一八六七年、みずから改革案を提出し、ここにいっそう進んだ第二回の選挙法改正が成立した。

その結果、都市の労働者があらたに選挙権を与えられることになり、進歩派は勢いに乗じて、つぎつぎと諸改革案を上程した。すなわち、アイルランドの土地問題、普通教育法、ケンブリッジ・オックスフォードの二つの大学を宗派に関係なく開放する案などである。そして、このような革新派のオピニオン＝リーダーの一人に、ミルがいたことを忘れてはならない。

ミルの死後の情勢

ところが、ミルが没した一八七三年ごろから、イギリスの外交は大きく転換のきざしを見せていた。それまで、門戸開放・自由競争・平和第一をモットーとして、世界の先頭に立ってきたイギリスも、のんびりはしていられなくなった。ドイツやアメリカ合衆国などの諸国が、おくればせながら産業革命をおえて、急テンポで発達をとげ、イギリス産業の優越した地位は、しだいにおびやかされ、これまでの市場や原料供給地は、だんだんとせばめられてきたからである。

このような行きづまりを、いち早く察したのが、保守党のディズレーリである。かれは、ミルの死んだ翌年（一八七四年）、二回目の内閣を組織すると、ふたたび海外への発展と植民地の獲得に力をそそぐ方向へと転換したのである。インド政策一つとってみても、ミル親子が東インド会社に関係していたころの、わりあい自由主義的な政策はしだいに影をひそめて、帝国主義的[1]な強行政策が目立つようになる。こうしてイギリスの自由主義は、ミルとともに一時期を画すると考えても、けっして無理ではあるまい。

1）一八七六年、ときの首相ディズレーリは、ヴィクトリア女王に「インド女帝」の称号をささげ、アジアへの帝国主義政策を一歩ふみ出した。

ミルの生いたち

ミルの幼年時代

ミル『自伝』　ミルについては、多くの伝記が書かれているが、かれ自身、『自伝』(Autobiography) を書いており、死後に出版されて評判になった。この『自伝』は、なかなかの名文で、そのうえ、ミル自身の思想の発展経過や、一九世紀のイギリス思想史の問題を知るうえに重要なものである。有名な、フランクリンの『自叙伝』などとともに、すでに自叙伝の古典に属している。さいきん、この『自伝』は、心理分析という面でも、おもしろい材料を提供している、という人さえある。

父ジェイムズ=ミル　ミルは、さきに述べたように、一八〇六年五月二〇日、ロンドンで生まれた。父はジェイムズ=ミル (James Mill, 1737—1836) といい、生まれはスコットランドの下層民（貴族の邸の下僕）の出である。かれは野心が強く、知り合いの貴族の好意で、エジンバラ大学で神学を学んだこともある。が、神学にはついになじめず、計画を捨てて、妻君といっしょにロンドンに定着した。ここで、ジョン（スチュアート）をはじめ、つぎつぎと九人の子どもが出来て、生活苦にあえぐことになるのである。

この父親についてジョンは、二つの不思議があるとして、一つに子どもを生みすぎたこと、二つにその大家族を筆一本で支えたこと、をあげている。さらに、「ブルータスがローマ人の最後と呼ばれたごとくに、わが父は一八世紀の最後の人であった」と語っている。が、ともかく、ジェイムズという人は、意志の強い努力奮闘型の、合理主義者であったらしい。

また、ジェイムズは、詩は迷信であり、感情は賤《いや》しく、宗教は道徳の敵であるとして、これらを自分の家庭の中からも追放しようとしたといわれるから、かなりコチコチの学者だったと考えられる。もっとも、晩年は不断の努力がむくいられて、かなり高い社会的地歩を築きあげた。もちろん、政治学者・経済学者、また哲学者としては二流でしかないにしても、心理学者としては、わりあい高く評価されている。

父の交友たち

一八〇八年、ジョンが二歳のとき、ジェイムズは、学者としてすでに名高いJ・ベンタムと知り合いになり、たちまちにして親友となった。もちろん、親友といっても、ベンタムの方が二五歳も年上で、ジェイムズはベンタムの秘書的役割をつとめるわけであるが、以後二人は相たずさえて、新思想——功利主義（Utilitarianism）の普及につとめた。

私生活の面でも、二人はいつも互いにいききし、まだ四歳の幼いジョンを前にして、「われわれの偉大な後継者だ！」と賞讃した。ジョンも、ベンタムおじさんの白髪をかぶった長い顔（次のページの写真参照）を、こよなく愛したという。

このほか、ジェイムズの家庭には、当時の有名な経済学者のマルサスやリカルドらが親しく出入りしていた。したがって、ジョンは生まれ落ちるとすぐに、こういった自由主義の知的雰囲気の中に置かれたわけである。

同情家ベンタム

父の交友のうち、とくに重要な人物は、なんといってもベンタムである。ベンタムについては、本シリーズで取り上げているから、くわしいことはその方にゆずるが、だいたいの人柄について知っておく方が便利であろう。ここでは簡単なスケッチをしておく。

ベンタム

ベンタムは一七四八年、ロンドンの富裕な弁護士の家庭に生まれた。オックスフォードに学んだのち、法律と哲学の研究を兼ね行なって、しだいに名声を博した。生涯、定職を持たず、父の遺産で質素な生活を営み、小児のような天真らんまんさのゆえに、他人《ひと》から愛された。酒も飲まず、タバコも吸わず、まったく無欲で、悠々《ゆうゆう》自適《じてき》の生活をした。一生を学問の研究にささげ、独身であった点は、一八世紀のドイツの大哲学者カント（本シリーズ第15巻参照）とよくにている。かれは同情心が人一倍強く、捨て犬などを全部ひきうけて育てたという。

ベンタムとジェイムズ

いったい、ベンタムという人は、ひとかどの学者ではあったが、ただ頭で考えているだけというタイプの学者ではなかった。かれはまた、世事にたいする関心を多分に持ってはいたが、ほんとうの実際家ではなかった。そのことは、かれが実際的な仕事については、つねに失敗したことでもわかる。

ベンタムの真の偉大さは、哲学を社会科学に関連させ、「時代の知恵」を社会の改造にまで浸透させた点にあるといわれる。ところが、この面では、じつは、ベンタム個人は、きわめて内気な性格の持主で、自己の社会改造案を、外部に宣伝することを好まなかった。したがって、かれの思想を社会に普及させ、社会改造をおし進めるためには、よき協力者がぜひ必要であった。そしてこの役を買って出たのが、ミルのお父さん、ジェイムズ＝ミルであったのである。

ミルの母親

なおミルの母親については、『自伝』は一言もふれていないから、すべては推定の域を脱しない。おそらく、家庭の中では、母親は無視され、父が絶対の存在であったのであろう。このような家庭で育ったミル（ジョン＝スチュアート）が、逆に、後年、フェミニストとして、テイラー夫人を心から敬愛しつづけたのはおもしろい対照である。（四七〜九ページ参照）

天才教育の開始

父ジェイムズは大家族を養うために、日夜働き続けた。もともと、自己の運命をためすために、郷里を後にして、努力奮闘してきた人物だけあって、家庭でも、寸暇をおしむ精励家であった。しかも、その貴重な寸暇をさき、あらゆる犠牲《ぎせい》を払って、長男（ジョン）をみずからの手で、教育しようとしたのである。

このような父ジェイムズの態度の背後には、ベンタムの意見もあったようであるが、ジェイムズ自身の立場に深く根ざしている、ともみられる。つまりかれは、心理学者として、ロック（J.Locke, 1632～1704）らの理論をうけつぎ、「嬰児《えいじ》の精神は白紙であって、いくらでも錬《きた》えあげることができる」というように考えていたらしい。また、フランスのエルベシウス（Helvétius, 1715～1771）と同様、「人間の優劣の差は一に教育のいかんにかかる」と考えていた。そこで、わが子に、理想教育を施そうと思って、有名な早教育を始めた。

三歳でギリシア語が教えられ、八歳でラテン語が教えられ、同時に他の学科も加わった。気みじかな父もよくがまんしたが、子の方も実によくがんばり通して、ちゃくちゃくと成果をあげた。ジェイムズにとって、（そしてジョンにとっても）学校教育とは、まったくの時間浪費の場にすぎなかったのである！

天才児ミル

こうして、友達と遊ばず、外界から完全に遮断《しゃだん》されて育ったジョンは、たしかに、すばらしい成果をあげた。だが、その反面、「人造人間」のようになってしまい、青年期にいたって

手痛い復しゅうにあうのである。（三五～六ページ参照）

その問題はともかくとして、ジョンは、七歳にしてすでに、ヘロドトスやクセノフォン、プラトンの対話などを、ギリシア語で読了した。このころから、夕方の日課に数学の学習が加わり、午後の散歩の折には、ヒュームやギボンの歴史書の反復練習がなされた。つまり、散歩の時間でさえ、のんびりはできないのであって、読んだ個所を要約したり、批評を加えたりして報告するのである。

他方、ラテン語の方も順調に進んで、講義をうけてから四年後（一二歳のとき）には、母国語同様に読み書き出来たという。まさに、おどろくべき天才児である。このような記録をもとにして、心理学者は、ミルこそ歴史上の人物で最高のI・Q（知能指数）の持主ではなかったか（推定一九〇）とまで、言うのである。

もっとも、当の本人は、「普通の能力と体力の持主だったら、どの子どももなしとげられることである」と謙遜《けんそん》しているが、いったいどんなものであろうか。

ミルの少年時代

子ども学者の出現

ジョンが八歳になるころから、父はかれに家庭教師の役を与えた。つまり長男のジョンが、その弟妹たちに、父から学習したことを教え、弟妹がさらに父親に、習ったことを要約して報告する、という遠大な計画である。

こうしてジョンは、父親の厳重な監督のもとに、ソクラテス的問答と弟妹の学習指導によって、確実に、知性の啓発を進めていった。その結果、一一歳のときには、少年ジョンは、大論文「ローマ政体史」をまとめ、続いて「アリストテレス修辞学の分析」というきわめて難解な問題と取組んだのである。

かくして一四歳のときには、普通に「堅い」学科とされている論理学・心理学・経済学などをひととおり学びおえた。ひとえに、厳格にして用意周到《しゅうとう》、堅固な信念をもつ父親のたまものであったと言える。

ところでジョンは、このいわば知的な鍛練主義——極言すれば「格子なき牢獄」のような状態を、後年どのような気持で回顧しているだろうか。『自伝』によると、父親はジョンにとって、明晰《めいせき》な思考法のなんたるかを教示してくれたばかりか、二〇年近くの歳月を節約してくれた人、として感謝の意さえ表明している。どうやらジョンのうけた天才教育は、かなりいい面が多かったようで、今の安易な「詰《つ》め込み主義」とは大分違ったものであったらしい。この辺の事情はあとであらためて考えてみよう。（三一〜三二ページ参照）

親子の合作

一八一九年、ジョンが一三歳の年、父ジェイムズは東インド会社（East India Company）に入り、インドに送る文書を起草する役についた。この頃から、ミルの家庭の経済事情も好転してきたらしいが、この時期には、特に社会や経済の問題について、親子の合作ともいうべき労作が次々と出された。

これより二年前、一八一七年に、父ジェイムズの畏友《いゆう》リカルドは、画期的な著書『経済学および課税の原理』を公にした。この書物は、『自伝』によれば、父ジェイムズの懇望《こんもう》とつよいはげましがなかったら、出版はおろか書かれもしなかったかも知れぬものであった。というのは、リカルドという人はひかえ目な人であったから、自説の正しいことを確信していても、それを公表する気持になれないでいたからである。当時、リカルドのこの名著の趣旨を、初学者向きに、くだいて説いた書物は、まだ出ていなかった。そこで父ジェイムズは、散歩の折、そのアウトラインを講義し、ジョンがそれを文章に書いて翌日父に見せる。ところが父は、この文章が、明確で相当完全なものになるまで、いくども書き改めさせる……というようにして、ジョンの日々の報告文の集大成ともいうべきものが土台となって、ジェイムズの『経済学要論』(Elements of Political Economy, 1821) ができ上がった。まさに親子の合作である。

思考家の養成

このような面をみてくると、父ジェイムズの教育は、単なる「つめこみ主義」ではなかったことがわかる。『自伝』はこの辺のことを次のように説明する。

「(父は)すべてをわたくし自身に発見させ、それによって、わたくしの力をよびおこそうと、度のすぎるくらい骨を折った。(父は)わたくしがそのむずかしさをしみじみ感じきるまでは、決して説明をしてくれなかった。」「ならうことはなんでも、それが単なる記憶の行使に堕《だ》することを、父は決してゆるさなかった。いやしくも思考によって見いだし得るものであればなにごとでも、わたくし自身の努力をつくした後でなければ、決して教えてはくれなかった。」

つまり、父ジェイムズの教育は、かなりソクラテス的かつストア的なところがあり、いわば思考家《スインカー》の養成を目指すものであった。現代の教育ママのやり方とは、本質的に違うのである。

ミルの知能指数

J・S・ミルとモーツアルトは神童の代表である。二人とも早教育をうけ、若くしてその才能をうたわれた。ターマンという心理学者は知能指数（I・Q）一四〇以上を天才と名づけ、歴史上有名な天才のI・Qを年齢をおって研究した。かれは、伝記的資料から、ミルの十七歳にいたる時期のI・Qを一九〇と推定したが、これは、十七歳から二十五歳までのゲーテのI・Qとともに、歴史上最高のものである。この驚異的数値はミルの遺伝的因子と環境的条件（天才教育）の賜《たまもの》であろうが、しかしその割には超一流の思想家にならないで終わってしまった、という批判もでている。ただしこの面についてはミルが実務にたずさわった関係上どうしてもその方面にエネルギーをさかざるを得なかったからだ、という同情論もある。いったいI・Qというのは、知能が年齢とともに直進する年代については割合よく妥当するが、その後はあまり信頼できないといわれる。したがって、ミルのI・Qの$\frac{1}{2}$〜$\frac{2}{3}$しか持たないわれわれも、それ程悲観する必要はないわけだ。

青年時代

フランス遊学のころ

父からの解放

一四歳のとき、父ジェイムズの監督のもとにおける勉学は一段落したので、フランスにいるベンタムの弟（サムエル卿）のところで一年をすごした。この遊学はいろいろな意味でジョンに有効であった。第一に、峻厳《しゅんげん》な父のもとを去って、人生ではじめて、異国の地でのびのびとした生活ができたこと、第二に、見聞と視野を広げ、フランス文化のよい面から示唆《しさ》をうけたこと、などである。

青年時代のミル

フランス語の修得

この第二の点について重要なことは、まずなんといってもこの旅行のおかげで、フランス語を巧みにこなし、自由に読み書き出来るようになったことであろう。後年かれが、サン＝シモンやコントの文献にしたしみ、影響をうけるようになった遠因は、この遊学にあるといえる。またこのとき以来、ジョンは、イギリスの政情に対すると同様、フランスの情勢にも注意を怠らなくなったという。

フランス文化の長所

ところで、ジョンが接したフランス文化は、どのようにかれの目に映じただろうか。かれはみずから書いている。

「フランス人の交際の打ちとけた友好と愛想《あいそ》のよさは、他人を（ほとんど例外なしに）仇敵《きゅうてき》か厄介者のように扱うイギリス人の生活様式とは対照的であった。」

「当時、イギリスにおいては、父のように全然偏見にとらわれない人すらまぬがれなかったものは、普遍的な問題を、ただイギリスの標準のみから判断するという誤りであったが、こうした誤りからまぬがれることができた。」

ベンタム主義者

ベンタムへの心酔

ジョンは一八二一年七月帰国すると、法律学研究のため、デュモン（Dumont）という人の『立法論』を読んだ。この書物は、ベンタム思想を解説したものといわれるが、この本を読んでジョンはまったく別人になるほど感激したという。さらに、父ジェイムズから手渡されたベンタムの主著『道徳及び立法の原理序論』を直接読むにいたり、かれの功利主義者としての立場は確定的なものとなった。

ベンタムの魅力

それでは、かれをとりこにしたベンタムの魅力はどこにあったのだろうか。『自伝』の伝えるところによると、第一に、ベンタムがいわば自然科学的な精細な方法で明快に論を進めている、という点である。つまり、ベンタムという人は、行為の結果の快苦という大原則から、終始一貫した原理にしたがって、人間と社会の全体的な解明を試みたのであった。第二に、ベンタムがたんなる抽象論では満足せず、あらゆる社会的諸問題の実際的改善を試みようとした点である。つまりかれは、人間の意見や制度、法規がいかなるものであるべきか、現在それがいかにはなはだしく理想と隔絶しているか、またその理由はなんであるのか、いかにすればそれを改善できるのか、ということについて、本格的に取り組んでいたのである。

このようなベンタムの立場は、青年ジョンが求めていたこととピタリと一致していた。そこでジョンは、ベンタムのこの書物に接して、「高所に連れて行かれ、そこから広大な精神界の領域を通観し」、いまや、「一つの信条、一つの教義、一つの哲学」をもつにいたったのである。

功利主義協会

当時、一八二二年から三年にかけて、ベンタムの弟子たち[1]は「功利主義協会」という組織をつくり、隔週一回くらいのわりで、研究や討論を行なうことになった。この時まだ一七歳のジョンは、年長の友人とまじって、積極的に討論活動を行ない、しだいに指導的役割を果たすようになっていった。たとえば、機関誌『ウェストミンスター・レヴュー』にさかんに寄稿し、功利主義思想の普及のために精力的な活動を惜しまなかったという。

職業人としてのミル

東インド会社

一八二三年、経済的な理由から、父のつとめている東インド会社に入る。この役所は、形式上は一応、政府から独立の部門をなしてはいたものの、実際は、政府と緊密な関係をもち、社員は高級官吏とほぼ同格の社会的評価をえていた。一七歳のジョンは、年俸三〇ポンドの収入を得て、きびしい父の監督の下でここの書記をつとめることになったのである。さしあたり日本でいえば、毛並みのよい日本銀行職員に相当するとでも言えるだろうか。ただし大きな違いは、日銀が相当の秘密主義・閉鎖主義であるのに対し、当時の東インド会社は、視野を広げるのに格好《かっこう》の場所であったという点であろう。ジョ

1) ベンタムの弟子には、ミル父子のほか、法律学者のジョン＝オースチン (John Austin)、チャールズ＝オースチン (Charles Austin)、経済学者のリカルド (David Ricardo)、歴史学者のジョージ＝グロート (George Grote) らがいた。

ンはここで、以後一八五八年にいたる三五年間を、主に、インド向けの文書の起草に尽力するのである。こうして、かれの異常なまでの文才が、いまや、昼夜の別なく、フルに働き始めた。

会社員と勉学

日本で会社員というと、きびしい勉学を続ける姿を連想する人は少ないであろう。大学時代は優等生で、むずかしい原書をひもとき、学術的研究に没頭した人も、いったん会社員になってしまうと、せいぜい週刊誌くらいしか読まなくなってしまい、電車の中ではスポーツ新聞、友だちづき合いはお酒とマージャン、家へ帰ればテレビの娯楽番組――というような生活に堕《だ》してしまう。そして大学教授や研究所員でもない限り、理想や研究は遠い過去の思い出だけになってしまっている――こういう人が九割以上であろう。ところが、この時代のイギリスでは、普通の社会人で、同時に一流の研究家と目される人が数多く存在していた。ミル父子がそうであり、師のベンタムも、進化論的倫理学で有名なスペンサーも、詩人で理想主義者のコールリッジやカーライルも、いずれも大学とは無関係の民間の学者であった。

民間の思想家

東インド会社の生活は、ジョンをして、通常一般の民衆がなにを考えているか、いかなる表現の方法が最も理解しやすいかを教えた。また他面、社会生活を送る中で、大事をなさんとするものは、小事にとらわれて争うことのないことが必要だということを体得したという。ともかく、ミル父子をはじめイギリス功利主義者の大多数が、大学の象牙の塔にこもらずに、普通の職場で働きながら思索したことは、一方では、ドイツ観念論のような理論の深遠さを欠かせてはいるが、他方では、理論人と実践人とが調和し、民衆にも理解される思想となって、社会の実際的、具体的改革をおし進めるという長所をもつに至った。

役所づとめの是非《ぜひ》

ともあれ、東インド会社の勤務は、ジョンにとってそれほど過重の負担を加えるものではなかったらしい。たしかに、ジョンの時間の大部分は役所の仕事にとられてしまったが、しかしそのために、自分自身の研究に対する注意をゆるめることはなく、かえってこれまでよりもいっそう熱心に、いろいろな角度からの勉強をつづけたのである。後年ジョンは次のように書いている。

「……始終同一の仕事ばかりするよりも、仕事をかえていった方が、疲労も少なく長時間働けるということは、多くの人が経験するところである」と。

ところがミル研究家の中には、四〇年にわたるインド局勤務が、なんといっても、知能指数一九〇という天才児ミルのアカデミックな意味での水準を、やはりさまたげたのではないか、という意見もでている。たしかに、そういう見方も成立つであろうが、ミルの人間的成長を総合的にみて、マイナスが多かったと断定することは無理であろう。いずれにせよ、ジョンが、通常の仕事を続けながら、なお学術的研究と社会改良とを生涯にわたって怠らなかったということの一事は、われわれに大きな教訓を与えるものといえよう。

豊かな思想家の誕生

憂愁の時代

精神的危機　それまでベンタム主義者として、精力的な日々を送っていたジョンに、突然思いもよらぬ危機がしのびよっていた。それは一八二六年の秋の朝のことである。二〇歳のジョンは、ふと切ない気持で自問してみた。「いまかりにお前の人生目的がことごとく実現したとしたら、それは果たしてお前に大きな喜びであり幸福であろうか」と。この問に対してジョンの心は、はっきり「否」と答えざるを得なかった。こうしてジョンの生涯を託する土台がくずれおち、生活の目標がいっさい空になってしまったように思われた。

この憂愁は、約一年間継続するのであるが、この心の危機については、いろいろな解釈がなり立つ。一つは、この時期の直前に、ジョンはベンタムの仕事を助け、あまりにも過労に陥っていた、という見方である。つまりノイローゼ説である。当時ジョンは、『ウェストミンスター・レヴュー』誌上で活躍し、ベンタムの法律論を編集し、フランス革命史の研究と取組み、社会問題の討論でも指導的役割を果たしていた。このような過労がたたって、いまや底知れぬ虚脱感がかれを襲った。

この心の危機は、同時に、一八世紀的合理主義に対するジョンの反抗という意味をも兼ねそなえていた、ともみられる。それまでかれを支えてきたベンタムの合理主義はいっぺんに色あせて、ジョンはわらをもつかむような気持で、ロマンチシズムの世界へ飛び込んでいった。

こうして、父ジェイムズの天才教育によって、わき目もふらずに合理主義の立場を学んできた「人造人間ジョン」は、いまや人間性の全面的回復を主張して、いままでの合理主義に反逆し、情緒や理想や愛情の世界を求めてさまよい歩き出したのである。

危機の克服

ところが半年とたたないうちに、一すじの微光がさし込んできた。それはふとしたことから、マルモンテル（Marmontel）という人の『回想録』を読み、かれの父の死、家族の悲嘆のありさま、マルモンテル少年の決意と苦労の数々のくだりを読むにいたり、ジョンは感激のあまり泣き伏したときにはじまった。そしてこのときから、心の重荷は軽くなり、こころの雲はだんだん吹き払われていった。ジョンは幸福というものの複雑さ、人情の世界の機微を知ることにより新しく立ち上ろうとしたのである。

なるほど功利主義は、世の中を合理的に説明し、必要な社会改革を主張してきたが、人間の内面生活をいろいろな意味で豊かにするということも、いまやジョンには等しく必要なことに思えてきた。

教養の充実

この時以来、かれは詩や音楽を愛好し、理想主義者の説にも接して、幅の広い思想家へと脱皮していった。当時、ジョンが愛好した詩人の中には、ワーズワースやコールリッジ、それにドイツのゲーテがあり、エッセイストとしてはイギリスのカント主義者カーライルがいた。これらの人々は、多かれ少なかれ、ベンタムの合理主義に対立し、社会改革第一主義に懐疑の眼をむけ、人間性に内在する真実を、それぞれの仕方で追求しようとしていたのである。

さらに、フランスには、サン＝シモン、フーリエ、コントらの一群の思想家が活躍していた。これらの人々の著作にふれ、自由主義や私有財産制の諸問題を知り、歴史の見方、実証的方法、利他心の存在などについて示唆《しさ》をうけたところが多かったという。ジョンの後年の思想にはいちいちその痕跡《こんせき》が認められ、こうして英独仏のあらゆる思潮は、かれ一身に集中するといっても過言ではないありさまを呈するにいたる。

（一九四～五ページの思想系譜図参照）

ベンタム批判

ワーズワース

さてここで、若きジョンが傾倒したローマン主義の詩歌とはどういうものかを考えてみよう。一例としてジョンが愛好したワーズワース（W. Wordsworth, 1770—1850）の詩の中から有名なものを一つかかげておく。

たのしい思いがかなしい思いを誘い出すような、
そうした快《こころよ》い気分にうち浸《ひた》りながら
森の中にわたしが休らっていたとき、
それはもうさまざまな声が入り交《まじ》って耳にきこえて来た。
「自然」は、わが身のうちを流れる魂を
かの女の美わしい作品へと結びつけた、
それに人はどうして人の世をこんなものとしてしまったのか、
それを思って心はいたく悲しんだ。

みどりの木蔭に、桜草の花総《はなぶさ》の間を縫って
蔓《つる》に、ちにち草がその花環《はなわ》をつけて這いまわっていた、
そしてこの私には、どの花もどの花もが
その呼吸《いき》する大気を愉《たの》しんでいるとしか思えない。

わたしのまわりでは小鳥たちが跳ねあそんでいた、
かれらの思いをわたしに推《お》し量《はか》ることはできないが――
そのどんなささやかな動作すら、
それはもう歓《よろこ》びに胸うち震《ふる》わせているかのようだった。

芽ぶく小枝小枝が扇のようにその手をひろげ
そよ吹く風を捉えようとしている。
そしてどう考えてみてもわたしには
そこには歓びがあるのだとしか思えない。

もしこの確信がなにか未来のものであり、
もしこれこそが「自然」の聖《とうと》い意図《はからい》だとするならば、
人間こそはどうして人の世をこうしたものとしたのか、
このわたしの嘆きは故なきことであろうか。

コールリッジ

革命への幻滅

右の詩は「早春」と題し、同じローマン派の詩人コールリッジ（S.T. Coleridge, 1772—1834）との交遊の間につくられたものというが、ここにはかつては共感をおぼえたフランス革命の悲しむべき現実的推移への幻滅感がこもっている。

コールリッジについても、政治的姿勢はワーズワースに似たようなものであった。かれは、ベンタム派によって破壊と改革とを叫ばれてきた当時の社会制度の中に、なお多く保存さるべき真理がこもっていることを主張した。このことからかれは、一面において保守主義に堕する嫌《きら》いはあったが、新しい角度から理想主義を提唱して、ジョンに大きな影響を与えた。後年ジョンは書いている。「コールリッジは真理の多様性をわたくしに教えてくれた。かれは今世紀最大の豊穣《じょう》な思想家だった。」

高貴な性格破綻《はたん》者

ついでに、このコールリッジという人は、まことに数奇変転の生涯を送った詩人であった。かれは青年時代、自然主義に心酔し、さらに社会主義の影響をうけて、米大陸で共産村を建設しようとしたこともある。後、ワーズワースとの交遊を通じて、『抒情詩集』を出し、イギリス・ローマン主義を確立した。その後ドイツにおもむき、ドイツ理想主義の影響をうけて帰国し、人心を感化するところも大きかったが、その思想は断片的無系統で、かれ自身、一種の性格破綻者に近かったという。またかれは、阿片喫煙者であり、負債借倒しの名人であった。

ベンタムの限界

ジョンは以上のようなロマンティシズムの立場から、いままで金科玉条と仰いできた師ベンタムの立場の限界について、いまや次のように言う。

「ベンタムの人間性についての知識はかぎられていた。かれの知識はすべて経験的であったが、その経験主義も経験をほとんどもたない人の経験論であった。ベンタムには、内的経験もなければ外的経験もなかった。かれの静かで単調な人生行路と、なんの迷いもない心のために、かえってかれは両方の経験からしめだされてしまった。かれは繁栄も知らなければ逆境も知らず、激情も満悦も知らなかった。……かれは子ども時代から八五才にいたるまで、少年のような健康をたもって生きた。……かれには、人生がにがいやりきれない重荷と感じられたことはなかった。……自意識——ワーズワースからバイロン、ゲーテからシャトーブリアンという現代の天才たちの心に生きた悪鬼心は、ベンタムの心には永久に目ざめることがなかった。」

こうしてジョンは、ベンタム理論の修正者として舞台に再登場したのである。

ロマンス

事のはじまり　一八三〇年、ジョンが二四歳のとき、ふとしたことから一つ年下のハリエット＝テイラー夫人と知り合った。かの女は一八のとき、ロンドンの富裕な薬商テイラー氏と結婚し、このときまでにすでに二人の子どもを得ていた。ところが、元来あまりにも知的なかの女は、人生の諸問題について深く悩むところがあり、所属の牧師に心を打ち明けて相談した。ところがこの牧師は――実は高名な学者でもあったが――宗教的説教をとりやめ、当時気鋭の学者として登場してきたジョンと会って話し合うことをすすめ、みずからその機会をつくることに骨折った。こうして二人はテイラー氏の家で晩餐《ばんさん》をともにする運びとなったのである。

テイラー氏　テイラー氏は容貌《ようぼう》こそさえなかったけれども（写真参照）、相当に教養のある紳士であった。かれは妻のハリエットを尊敬し、つねに愛情をこめて親切にふるまった。一一歳年上のかれは、美しい妻を若干甘やかし過ぎたともいわれているが、もともと根が自由主義者であるだけあって、妻の行動については干渉することを避けていた。ジョンと夫人との間に愛情が芽ばえてからも、割合に寛大に妻の行動を認めていたという。

テイラー夫人

ところで、ジョンが「一目ぼれ」ですっかり愛のとりことなってしまったというテイラー夫人とは、いったいどんな人であっただろうか。

かの女はまれにみる美人で、高度に知的な頭脳と、それでいてきわめて女らしい情緒とを兼ねそなえていた（写真参照）。小柄できゃしゃな体つき、くり色の毛、すらっとした肩、白いのどもと、大きなうるむような眼、音楽的で魅力的な声——こういったすべてが、若いジョンの心をとらえてしまった。そのうえかの女は、もしそれが友人の心をきずつけるのでなければ、あらゆる社会的なしきたりなどは無視していくだけの自由な雰囲気を身につけており、また、社会を少しでも住みよくして、困っている人達を助けてあげたいという情熱を秘めていた。

ジョン=テイラー

美しき友情か、不義か

二人の恋愛が発展するにつれ、夫人は夫テイラー氏に、離婚して自分を解放してくれるように願った。テイラー氏は夫人に未練もあり子どももあるこ

若き日のテイラー夫人

とを考え、夫婦の関係を一切清算することには反対であった。せめて名義上だけでも妻として永久に留めておき、ときが解決してくれるのを待ちたいと考えた。その代わりに、実質的には、自由の身同様に行動してもよろしい、という譲歩を、寛大な態度に遺憾《いかん》の意を秘めて、行なったという。

それから後、夫人は、夫や子どもに従来通りの愛情をもってつくしたことには変わりなかったが、家庭を留守にして出歩くことが多くなった。代わってテイラー氏は、子どもを相手に、毎夜さびしい晩餐をともにして、妻なき家庭を守るということになっていった。

二人の愛情がいかなる種類のものであったかについては、単なるうわさや第三者のうがった解釈は、しばしば勝手な想像であり、真実をついたものとはとうていいえない。結局愛は当事者だけが知っていることなのであるから。

ただ、ここではっきりしていることは、二人とも義務をわきまえた高尚な人たちであること、単に遊楽に出歩くのではなく、人間性と社会の改良を目ざして真剣に討議し、学ぶ喜びをわかち合う仲になっていったこと、双方が男女の平等をかたく信じ、心の真実のみが真の結婚であるという確信をそなえていたこと、などであろう。

二人は堅苦しい家を逃れて、休日を田舎の別荘でくらしたり、一八三六年には、大陸旅行まで行なっている。そこでその行動があまりに社会のしきたりを無視しているというので、親戚や知人の非難を招くにいたり、そのためもあってか、ジョンは社交界からは静かに隠退して、学術的な大著の執筆に専念する方向へ向かっていった。こうして一八四三年には、『論理学体系』、一八四八年には『経済学原理』を世に問うことになる。いずれも労作の大著であった。

めずらしいケース

ともあれ、ジョンとテイラー夫人との愛情は、史上まれにみるケースであって、二人は互いに尊敬し合い相おぎなって、豊かな人間性の開花をみるにいたる。しかしその反面、テイラー氏はさびしい晩年を送ってついに病死し、その二年後の一八五一年に、二人は二〇余年ぶりに晴れて結ばれることになるのであるが、この関係をやはり一種の不義とみるか、美しい友情とみるか、伝記者の間にもいまなお論争がある。読者諸君はこういう問題――これから日本でもふえてくるかも知れないこの問題を、一体どう考えるであろうか？　諸君がこれら当事者のどれかの立場だったと仮定したら、どう振舞い、またどう忠告するだろうか？

カーライルとの逸話

毒舌家カーライル

ジョンとテイラー夫人との関係を、いやらしいものとせせら笑って、「あいつは馬鹿だ」と一流の毒舌を浴びせた人がいる。特異な文明批評家カーライル（T. Carlyle, 1795—1881）である。「カーライルは単に詩人である。かれは青年時代のジョンを評して、「快楽の計算器」だと酷評したが、ジョンは晩年、「カーライルは単に詩人であって、わたくし自身は思索家であった。しかしてテイラー夫人は二者をあわせてなお、より偉大であった」と言ったという。

ところで、このカーライルとジョンは、ある意味では正反対の思想家であったが、立場をこえた友情の数々には、いまなお心暖まる思いがする。「汝を罵倒《ばとう》する者から学べ」というのは、恐らく最も実行のむずかしい格言であろうが、これを行ない得たのがジョンであり、カーライルもその余波をうけて多少ともそうならざるを得なかった。

フランス革命研究

ジョンは一時、フランス革命史を書いてみようという気を起こしたことがあった。結局かれはこの計画を放棄し、実現しないままに終わったが、先輩のカーライルはかれ

ミルの住居

独自の文明批評の立場から、この問題と取り組んでいた。ジョンはこのとき、自分の収集した書籍や文献の数々をかれに貸し与えて、友情の一端を見せたが、この原稿が一応まとめられたとき、カーライルはジョンの高覧を得べく、かれのもとへ届けた。

ジョンはこの原稿を読んだ後、他の書類といっしょに机の上にのせておいた。その後数日にしてジョンが再びこの原稿を探したとき、これはまたどうしたことか、どこにも見当らないのである。召使いを呼んで尋ねてみたが結局だれも知らないという。あちこち探しまわり、ごみ箱の中までかきまわしたがここにもない。ついに、台所のたき口の中から、焼きこげた原稿の束のわずかが顔を出した。これこそカーライルが数カ月にわたり、夜を日についで書き上げた原稿の形見であった。たちまちジョンは青くなって、ハリエット（テイラー夫人）につきそわれてカーライルの許へ飛んでいった。顔は死人の如く、ほとんど立ってさえいられないジョンの姿をみて、カーライルは唖然《あぜん》とした。しかもジョンのもたらした話は、なんと、せっかくの原稿が不注意にもことごとく焼却されてしまったのだとは！

当時カーライルは、年齢こそジョンの先輩ではあったが、名もない貧乏学徒であった。そしてこの原稿を公刊して、世人の承認を得たいものと、ひそかに期待していたらしい。彼は熱病にかかったように猛然と仕事に全心全霊を打込んで、原稿を書き上げたのだった。その焼却が、一体カーライルにどういうショックをあたえるかは、ジョン自身が最もよく知るところである。

不寛容者の寛容

ところがカーライルには自分の損失より先に友人の苦境が思いやられて、「失われた原稿はまた書き直せるから……」と言ったきりで、話題をかえて、どうでもいいことをベラベラしゃべりまくり、ジョンの心を静めることに精いっぱいだったという。

翌日カーライルは、ジョンに次のような手紙を書き送った。

「如何おくらし？　君は昨夜、僕が忘れることができないような様子で僕の許を去ったね。君の気持を軽くしてあげるために、僕の出来ることは何かないものだろうか？　君の悲しみは僕のそれよりずっとひどいに違いないのだからね。元気を出せよ、君。テイラー夫人にも同情していただいてありがとう。君にこそ神の恵みあれ。これが僕の真実のお祈りなのだ。」

ジョンは代償の一部としてぜひ受取ってくれるように二百シリングをかれに送った。カーライルはその半分をただちに送り返し、絶対にその金額――実際に要した費用以上は受取らなかったという。

ところがこのエピソードの最も感動的な個所は次のさわりであろう。それは、カーライルが大層苦心して書き直した再度の原稿を、またしても高覧をたまわりたいといって、ジョンに送ったのであった。ジョンはたまりかねて、「自分のようにそそっかしい者にはもはやその資格はない。テイラー夫人こそ適役だ」と、しみじみ語ったという。

カーライルという人はむしろ不寛容で知られた人であった。このようなタイプの人がジョンに対して、ありったけの寛容を示したという話を、諸君はどういう気持で聞くであろうか？　カーライルの人柄を見なおすか、それとも、ふだんはおよそ寛大ではあり得なかった人をしてかく振舞わせたジョンの方の誠実な人柄を感ずるか、――恐らく真実はその両方であろうが。

新進評論家

貴族政治の打倒　一八三〇年代のジョンは、もはや父ジェイムズのいわば機械的な合理論を、科学的学説とは考えなくなっていた。むしろすべての真理は、時と所と場合によりけりの問題であると考えた。また、いかなる政治制度を選ぶかという問題も、その国の現状で最も望まれている改革につながるかどうか、という観点から考えるべきであるとした。

ところで、イギリスの現状では、なにが最も望まれているかというと、それは貴族政治を打破することである。英国憲法において特権階級、すなわち貴族と富豪とが占めている優越的地位は、いかなる艱難《かんなん》と闘っても排除すべき害悪である、とジョンは考えた。それは、これら特権階級は国民精神を堕落させているからである。

その理由はいろいろある。第一に、かれらは公益よりも私益の優先を確保し、また、階級的利益のために立法権を悪用している。だから政府のやり方こそ、いまや不正行為のお手本になってしまっている！　第二に、金権政治は、権勢に通ずるものに敬意を払うことを教えるから、金銭の獲得に浮き身をやつすような風潮がはびこってしまう。第三に、特権階級はみずからは脱税をほしいままにし、大衆の教化（教育）や幸福の増進（福祉）には関心を示さない。これではイギリスの発展は望まれない。

はなばなしい文筆活動

このような理由で、ジョンは依然として熱心な民主主義制度への賛成者であったばかりでなく、オーエン主

19世紀の社交界

「七月革命」ドラクロア画

義、サン＝シモン主義、その他あらゆる私有財産反対説が貧乏階級に拡がってくれることを、まじめに希望した。だから、話は前後するが、一八三〇年にフランスの七月革命が始まったとき、ジョンは高まる胸をおさえてパリへ乗り込み、ラファイエットに紹介された。そして、極左人民党の領袖《りょうしゅう》数名と親交を続ける素地までつくった。

帰国すると、ジョンは、新進評論家として、当時の政治的論争に一役買って出た。ちょうど、グレー卿の内閣が成立して、選挙改正法案《レフォームビル》が提出されることとなり、そのために政治的論争はいっそう活気を帯びてきていた。ジョンはそれから数年の間、おびただしい論説を新聞にのせて、気鋭の評論家にのし上った。

急進派の諸問題

とかくするうちに、改正選挙法による最初の総選挙が行なわれて、急進派からもジョンの友人が数名、代議士に当選した。ところが選挙法の熱もさめて、国民が真に要求した二、三の立法上の改革もとんとん拍子に成就《じょうじゅ》されてしまうと、政治勢力の重心は、現状維持に賛成する人々へと移行し、「反動の一〇年間」となる。このとき、左派には人材がなく、老人の指導に甘んじていて、その日暮しの政策しかもたず、国民教育とか植民地自治とかいう重要な問題の討議をおろそかにした。かれらは前途に開けてくるべき見通しについて、自己流で誇大な観察を下してしまっていて、およそ物の役には立たなかった。

ジョンはこうした政情に対して、一八三九年まで、一方では友人ににらみをきかすと同時に、他方ではペンをとって論説を書きなぐり、両面から働きかけた。そして、かれらの頭には思想を、かれらの心には意欲を注入すべく全力をつくした。さいわい、公務の方は、一八三六年には高官に昇進して一、二〇〇ポンドのサラリーが確保され、この勤務も一日に三、四時間に短縮されていたから、右にのべたようなことが可能であったわけである。しかしジョンの必死の努力にもかかわらず、イギリスの政界は、かならずしも期待する方向へとは向かわなかった。ジョンは論説の寄稿をやめ、交際範囲も削減して、今度は専門的な大著の執筆にとりかかった。(このような転換の背後には、先にふれたテイラー夫人との一件もからんでいたようである)

社会改良主義

この間、ジョンの政治思想には、若干の変化が進行した。第一に、究極理想に関する限り、穏和社会主義へ接近し、第二に、政治制度としては、従来の純正民主主義(自由主義的民主主義）の線から、修正民主主義（改良主義）へと移行した。

このようなジョンの思想の変化は、一八四八年の『経済学原理』の内容の推移にも如実にあらわれている。この書物はジョンの生前に七版を重ねたが、一版ごとに社会主義に対する同情が増していった。そして、この変化の背後にはテイラー夫人の影響があったといわれるが、イギリスの若き世代一般も、この『原理』とともに自由放任主義から、一種の社会改良主義へと転向していったという。

話はまた前後するが、一八四六年——七年の冬はアイルランドは大変な饑饉《ききん》であった。ジョンは同情家のテイラー夫人とともに、なんとかこういった悲惨を救済する道はないものかと思案したあげく、アイルランドの荒涼地を開拓して貧農に分与すべきことを世間に提唱した。当時議会は、「救貧法《プーア・ロー》」を通過させて、困窮者に若干の手当を交付するだけでお茶をにごそうとしたのに対し、ジョンは荒地に大仕掛けな開墾工事を起こしてアイルランドの貧農を自作農に改めるべきであると主張した。しかし、このようなジョンの主張が、この時点でどれだけ実現可能な提案だったかは疑問である。というのは、実際、アイルランドの当事者たち——貧農たちは、ジョンの提案を支持するよりは、思いもよらぬ、手っとり早い方法を見出そうとしていたからである。それはアメリカ大陸への出稼ぎ移民であった。

社会的円熟

新しい門出

第三段階　ジョンの思想的発展段階の第三期は、ふつう一八五一年のテイラー夫人との結婚に始まって、一八七三年の死にまでおよぶ。第一期をベンタム主義の時期、第二期をローマン的反動期とすれば、晩年であるこの時期は、第二期に対する再度の反動であり、第一期へのより高度な復帰であった。つまりこのころになって、ジョンは、ベンタム説への反動の行き過ぎを、完全に清算していた。ローマン的反動期においては、ジョンは他の思想から学ぼうとする姿勢が強く、自分の考えの特徴的な部分を、出来るだけ避けようとさえしていた。ところがいまや、かかる独特な部分こそ、これを主張するとき、なんらかの形において社会を更新せしめる重要なモメントであると感ずるにいたったのである。こうしてジョンは、再び功利主義への自信をとりもどし、練りに練った労作を次々と仕上げていった。

ゴール＝イン　一八五一年四月、二〇余年の間敬愛してやまなかったテイラー夫人とついにハイラーテン（結婚）する。夫のテイラー氏はすでに二年前に死亡していたのである。ジョンは言う。

「結婚の相手は例の婦人であった。思えば、友人関係以上の関係になろうとは夢にもおもわず交際していた多年の間、かの女のたぐいない品格と友好は、わたくしにとっての幸福と向上の大きな源泉であった。わたくしの生涯を通して、実行可能ならば二人は結婚して完全な和合の生活に入りたいと熱望してはいたものの、わたくしも妻も、わたくしが心からなる敬意を、妻がきわめて熱烈な愛情を捧げていた人――テイラー氏死亡の恩沢をうけて両人結婚の特権を獲得するより、むしろ喜んでこれを辞退したであろう。しかし（わたくしたちの好むと好まざるとにかかわらず）、一八四九年にテイラー氏急死の事件が起こったので、わたくしは大いなる禍を転じて大いなる福とすることができた。すなわち、ともどもに考え、感じ、書き、生活することの楽しさを加えることができた。」

円熟期のミル（右は養女）

『自由論』

一八五一年一二月、フランスではルイ＝ナポレオンという無法な僭奪者《せんだつしゃ》がまんまと成功し、これではフランスおよび大陸における自由も、社会改造に対するせっかくの望みも絶えてしまったのではないかと思われた。他方イギリスでも、制度上の改革が実現の道程にあったにもかかわらず、知的かつ道徳的な状態は、ジョンの考えた程に好転しなかった。ジョンはこのありさまをみるにつけ、「われわれの考え方の根本的性格に大きな変化が起こるまでは、人類の仕合わせの大改善は不可能である」と信ずるようになった。

そしてこのとき、ジョンの心に往来したのは、人類の知的改善のために真に有益な本——『自由論』をあらわそうという計画だった。それは一八五四年のことで、その後、妻（テイラー夫人）といっしょに討議し吟味《ぎんみ》して、入念に書き綴られていった。この書物は推敲《すいこう》に時間を要し、結局夫人の急死後の一八五九年になって公刊されるのであるが、ジョンは自信をもって次のようにのべている。

「この書は、これまでにわたくしが書いたどの本よりも長く読まれるであろう。なんとなれば、かの女の頭とわたくしの頭との合作なるゆえにそつがなく、またこの書物が一箇の真理を説く哲学的教科書となっているからである。しかも、その真理は社会の進歩向上とともに起こりつつある世相の変化によってますますはっきりあらわれてくるであろうから。」

自由の身　一八五六年、ジョンは三三年間勤務した東インド会社のインド通信監査局長に昇進し、この役目が一八五八年に廃止となるまでこの地位にあった。その後は東インド会社は解散し、政府が直接に支配する「インド局」に改組となった。このとき、初代インド事務大臣スタンレー卿は、新体制下のインド評議会員にジョンを推薦したが、かれは固辞してうけず、年間一、五〇〇ポンドにのぼる年金を得て勇退した。

当時、ジョンは、この改組を心よく思っていず、これによってインド行政は英国議会の二流、三流どころの政治屋たちの争奪物と化してしまうだろう、と嘆いたが、この予言は、大局的にいうと、そう間違ったものではなかったと言えよう。ともかく、これ以上無用な心痛とむだな骨折はもうたくさん、というわけで、ジョンは再三の要請にもかかわらず、野にくだって完全に自由の身となった。そして前述した『自由論』の仕上げに全力をつくすのである。

やもめ暮し

夫人の死

楽しかった夫人との同棲は長くは続かなかった。一八五八年の冬、思索と静養のため相たずさえて大陸を旅行して南フランスを回っていたときに、アヴィニョンで夫人は、突然肺溢血《はいいっけつ》（肺炎の一種か）で倒れ、三日後には再び帰らぬ人となってしまった。ジョンは真の悲しみのいかなるものであるかを、人生で初めてつぶさに味わい、これに耐えたのである。かれは友人に、「どのように書こうとかの女がわたくしにとりいかに貴重であり、その死がわたくしにとりいかに損失であるかを、少しでも君につたえることはできない」と書き送った。

しかし皮肉なことに、かれのこの悲しみは、かれの人間的成長をいよいよ高め、豊かにした。ジョンは以後、友人に対しては一層謙虚な友であり、夫人との事件以後、疎隔《そかく》となり勝ちだった兄弟や親戚とも和解するようになった。ジョンにとっては、いまや、愛妻ハリエットの霊こそ自分の真の宗教であるように思われてきた。ジョンはいまはなきかの女が、志としていたところに向かって精いっぱい努力することこそ、自分の最高の義務であると信じた。かれは、かの女がそれまでいっしょに骨折ってくれ、理解してくれたことがらや、それをすると必然的にかの女のイメージが生き生きと浮かび上るような研究や仕事をもって、自分の課題であるとした。そして心の中なるかの女が、ひそかに賞讃してくれるところをもって、自分の生活を規制すべきただひとつの尺度であると確信した。

ジョンの後継者たち　アヴィニヨンは南仏の古都である。諸君は恐らく世界的にしられている童謡「アヴィニヨンの橋の上で」というのを御存知であろう。ここの気候は温暖で、自然は明るく美しい。ジョンは夫人の遺骸《いがい》を同地に葬《ほうむ》り、かれ自身もまた同地に葬られることを遺言して、墓地近くにささやかな家を買い求め、特に用事のないときはここに住むことにした。さいわい、夫人の娘ヘレン＝テイラー（Helen Taylor）も、いまはなき母をしのび、母とジョンとの高貴な理想に感激して、アヴィニヨンの家に来て、ジョンの世話をした。かの女はしだいにジョンの立場に接近し、後にかれの継子として、ジョンの遺稿を整理したり、一八八〇年代の英国社会主義運動の復活に際しは、ウィリアム＝モリス（William Morris）らとともに活躍した才媛となった。

ジョンはまもなくロンドンにもどり、ここでも活躍を始めた。かれは夫人が生きていたころより、一層社交的になり、新しい友人をつくり、特に若い学徒との交際を始めた。その中には、ハーバート＝スペンサー（H. Spencer）とか、アレクサンダー＝ベイン（A. Bain）とか、アンバーレイ卿（Lord Amberley）とかいう人たちが含まれていた。そしてこの最後の人こそ、英国首相をつとめたことのある高名な政治家ジョン＝ラッセル（John Russell）の子で、現在なお活躍中の哲学者バートランド＝ラッセル（Bertrand Russell）の父親であるが、やがてジョンの立場に最も接近した思想家兼政治家に成長していった。

政治論

一八五九年、ダービー卿とディズレーリの連立内閣の選挙法改造案に関する論争に着目して、ジョンは選挙制度についての自分の考えをまとめ、「議会改革案」として公刊した。この書物の特色は、㈠、無記名投票反対 ㈡、少数者代表の必要の力説 ㈢、複数投票の提唱 であるといわれるが、この最後の点は、要するに、いわゆる学識経験者には、投票の際ウエイトを持たせろというような意味に解すればよい。

ところがその後まもなく、ジョンはヘア氏（Hare）の個別代表制（一種の比例代表制）の提唱を知り、いたく感激して、この思想を一八六一年出版の『代議政治論』の中で発展させた。この書物は、同時に、ジョ

定期船として大西洋を渡る汽船（労働者の牽制で政府は南軍に物資を補給できなかった。）

ンが民主主義政体の最善の形式と考えた諸制度の体系的な解説書で、わが国でも明治初年にかなり流行したことがある。

南北戦争

ちょうどこのころ、アメリカ大陸では、南北戦争が勃発《ぼっぱつ》して、天下の形勢はにわかに重大となった。ジョンは初めから、この戦争の本質は徹頭徹尾奴隷区を拡大せんとする奴隷所有者側の攻勢的企図であるとみていた。しかもこの戦争の勝敗は、全世界の民主化の進行に、きわめて重大な影響を与えるだろうと考えたから、この問題の究明こそいまや最大の関心事となった。

天下分け目の戦

当時ジョンは次のように考えた。

「もしも南軍側が成功したならば、かれらの成功は悪の力の勝利となり、それは文明世界のいたる所において人類の進歩に敵する者どもに勇気を与え、これに味方する者たちの意気を阻喪《そそう》せしめるであろう。またそれは、人間の人間に対する圧制を容認するおそるべき武力国家をつくり上げるであろう。さらにそれは、アメリカの威信と品位とを永久に失墜せしめ、そのことによって欧州の全特権階級に、誤った自信をもたせてしまうだろう。」「……そして奴隷制度が、アメリカ建国の精神（アメリカ憲法の精神）に違反などしていないという弁解の固定化は、やがて民心を腐敗せしめること必定であろう。」

北部側の弁護　ところが、いざ戦争が勃発《ぼっぱつ》してみると、イギリスの上流階級はもちろん、中流階級で進歩的自由主義者で通っていた人たちまでが、とうとうとして熱烈な南部援助者の陣営に馳《は》せ参じたのである！　ジョンがいかなる感慨をもって、これらの情勢を眺めたかは想像にかたくはあるまい。ともかく、イギリスでは、いまや猫も杓子《しゃくし》も南部声援に狂奔していた。この中で、労働者階級と若干の文人および科学者だけが、面と向かってこれに反対した。ジョンはこの数少ない思想家の一人となったわけであるが、翌年（一八六二年）一月、『アメリカにおける闘争』と題する論文を「フレーザー誌」に寄せて、アメリカ政府の正しい立場を支援すべきであるとする世論の形成の一翼をになった。

ハミルトンの哲学　南北戦争の経過は、結局、大体ジョンの願った方向へと推移して行き、一段落したので、ジョンは次の二年間を、今度は政治問題以外の哲学的論争に力を入れ、『サー＝ウィリアム＝ハミルトンの哲学の検討』を世に問うた。

ハミルトン (Sir William Hamilton) という人は、いまではあまりその名を聞かなくなったが、当時は次のような理由で名声を博していた。第一に、この思想家はいかにも堂々たる人物であり、多くの点において人をひきつける力をもっていたこと。第二に、優秀な頭脳の持主であるだけに、直覚派哲学の大要塞になっていたこと。第三に、ハミルトン氏自身は割合中庸の人であったにしても、当時の保守勢力がこの哲学を利用しようとしていたこと。などである。

元来ジョンは、ハミルトン卿に対しては好感をもっていた方であった。ところが、一八六〇年と六一年とに出版されたかれの『講演集』をつぶさに読んでみると、どうやらいままでの共感は用語上の一致に過ぎず、根本においてはきわめて困った支柱に依存していたことがわかってきた。

危険思想

この「困った支柱」というのは、一口に言ってしまえば直覚派の形而上学であって、これはまことに危険である、とジョンは考えた。というのは、これは環境と人間の相互作用を認めず、人間の天性はもっぱら世論と道徳によって形成されるといい、しかも最良の道徳は人間の直感（覚）によってのみ理解できると説く。そこで直覚理論では、人間の性格がもついちじるしい差異は、先天的で仕方のないものになってしまい、また、個人・人種・両性の間に存する差異の大部分は環境の相違に由来するとは考えない。こうして、制度を変革し環境を純化しようとするまじめな努力を認めようとしない滔々《とうとう》たる風潮が、保守主義と結びついて、イギリスをおびやかしている、とジョンは考えたのである。

ところで、歴史的にみると、イギリスの直覚主義はかなり古くから存在していた。少なくとも一七世紀にまでさかのぼることができるといわれる。だから、ふつうイギリス哲学の伝統は経験論だということになっているが、実はイギリスには直覚主義という一つの強力な伝統があって、むしろ経験論はこれとの必死の闘争によってきたえられたものとみられるくらいである。

その場合、直覚理論そのものは別に危険思想であるわけではないが、それと結びついた風潮全体は、たしかに重要社会問題の合理的取り扱いの障害であり、進歩に対する最大の邪魔物であった。特に、政治的反動思想は、しばしばこの直覚理論を利用してきた。というのは、かれこれと理屈をこねるのもめんどうだという人、あるがままの事実に満足していてこのまま存続させた方が得だという人——こういう人たちにとってこのくらいつごうのよい風潮はないからである。

そこでジョンは、ハミルトン卿を例にとって、直覚主義理論の弱点を遠慮会釈もなく指摘して、これこそ「危険思想」であると攻撃したわけであるが、保守主義の陣営からはもちろん、ジョンの理論こそ改革をふりかざすうるさ型の「危険思想」であると思われたに違いない。諸君だったら、一体どちらを危険な考えとするであろうか？

政治家としてのミル

急進派の候補　晩年のジョンの静かな学究生活を破ったのは、一八六六年に、かれがロンドンのウェストミンスター区から選挙されて、議員生活に入ったことである。それ以前も、たとえばアイルランド大衆党の名において、ジョンを某州選出代議士として推薦しようという動きはあったけれども、ジョンは公務（東インド会社）と両立しないし、また自信もないという理由で固辞し続けた。ところが今度は、公務もなくなり、ジョンが出した諸条件は全部受け容れるという約束まで成立したので、いさぎよくこのすすめに従ったのである。

このとき、ジョンが出した条件とは次の三つである。

㈠　政治への忠誠宣誓は行なわないこと。
㈡　本人はあまり選挙運動を行なわないこと。
㈢　一銭たりとも選挙資金は払わないこと。

㈠は、あくまで個人の良心にのみしたがい、政党（自由党急進派）の手先になって、その利益をはかりたくないというところからきており、㈡は、個人の野心からではなく、純然たる義務の意識から立候補するのであるから当然であるという。㈢は、およそ候補者は公務のために立候補するのだから、合法的選挙費は国家または地方において公費としてこれをまかなうべきで、個人のふところからは出費に応ずべきではないというかれの考えから来ている。つまり現在いうところの選挙の公営化という思想である。

ジョンは右の三条件を出し、これが認められるや、さらに次の内容の公開状(所信表明)を有権者団体(支援団体)に手渡した。

㈠　自分は個人としては別に代議士になりたいと思わぬこと。

㈡　候補者は自分から運動すべきものでも、運動費を負担すべきでもないこと。

㈢　自分はたとえ当選するとも、地方的利益のためにいささかも自分の時間と労力を費やす約束はできないこと。

これにつけ加えてさらに、自分は、婦人は男子と同一条件をもって議会にその代表者を送るべき権利があるという信念をもっていること。

公明選挙

こうして前代未聞の奇妙な選挙戦がはじまった。ジョンは総選挙の一週間前になって、ようやく選挙区にあらわれ、いくつかの場所で平明・率直な演説をおこなった。ただ一つ、宗教上の意見についてだけは、ジョンはいかなる質問にも答えないと最初にかならずことわって了承を得たが、それ以外の問題については、ざっくばらんに応答した。

この間、たまたまテイラー夫人の遠縁にあたる文豪トマス＝ハーディ（Thomas Hardy）はこの選挙戦を目撃して次のように記した。

「ジョンの演壇に立つ姿たるや見ちゃあいられない。頭は完全にいかれ（禿のこと）、青ざめた額《ひたい》は巨大で、青すじがすいて見えるほどの薄い皮膚――そして、延々と伸びている台地のように後に反りかえり、まるで危険にさらされているかのような一種異様な感覚を、聴衆に与えていた。」

また、演説の内容についても、ある著名な文人は、「あんな政見では、全知全能の神様でも当選の見込みはあるまい」ともらしていたという。

選挙戦の逸話　ジョンは一八六一年の『議会改革案』の中で、多少ぶっきら棒に、「わが国の労働階級は嘘をいって恥かしがるところは外国のそれと違ってはいるが、やはり大抵は嘘つきである」と書いた。この個所は、ここだけを抜粋してみるとまことにつごうの悪い文章で、反対派はこれをビラに印刷させて聴衆にくばったそうである。そこで一人の労働者が立って、「あなたは英国の労働者は嘘つきだと云ったそうだがほんとうか？」と質問した。このとき、それをうまく否定することは選挙の勝利のためにはつごうがよかったと思われる場合で、恐らく大多数の立候補者なら巧みに答弁をはぐらかしたであろう。

満場は固唾《かたず》をのんでかれの返事を待った。ところが正直なジョンは言下に「然り」と肯定した。それでも聴衆は、ごまかしも逃げ口上もいわないジョンの誠実さを高く買い、たちまち拍手があちこちに起こった。

そして今度は別の労働者が立って、「われら労働階級は、自分らの短所をあげてくれるなとはいわない。自分らは友を求める。おもねる者はもうたくさんだ。自分らがもつ短所をずけずけ言ってくれる人に対してありがたく思う」と述べ、再び喝采《かっさい》が起こったという。

代議士の生活

選挙の結果は、万人の予想を裏切ってジョンが数百票の多数をもって、競争相手の保守党側候補者を打ち破り、みごと代議士に当選した。こうしてジョンは人生でのはじめての経験――議員生活に入ったのである。ただしこれは長く続かず、わずかに三会期にすぎなくて、六八年の総選挙には敗れたが、かれは議会で労働者に選挙権を与えることを主張し、たとえ雄弁家というのではなかったが、ジョンの学識と人柄に対する尊敬から、多くの人たちを傾聴せしめたという。この傾聴者の中には、後年の政界の大御所、グラッドストーン氏（Gladstone）も含まれていた。

国会議員としてのジョンは、労働者階級候補者のほとんど全部に、自分の資金を分かち与え、誠実の限りをつくしたので、かれらの間に相当の人気を保っていた。また、ジャーナリズムを通していっそう積極的に自己の主張を展開したから、社会への影響力はそれなりに強力になったはずである。かれはアイルランドの愛国者の一団の減刑を要求し、三〇名にのぼる黒人を叛乱罪のかどで逮捕・虐殺したジャマイカの知事を告訴する運動を展開した。また「伝染病法案」により危機に瀕《ひん》している売春婦の人権擁護を叫んだりした。

煙たい存在

『自伝』の中で、ジョンは当時の思い出として次の事件を回顧している。保守党政府は、ハイドパークの労働者集会に腹を立てて軍隊をさし向けようとしていた。にもかかわらず、労働者側は再度の集会を決行しようとし、双方の激突は必至の情勢となってしまった。ジョンは、この際犠牲を回避せしめることこそ自分の使命だと感じ、労働者の説得に乗り出した。かれは、こういった労働者の強硬措置は、革命が望ましいということが自明となり、しかも革命達成のはっきりとした見込みがある場合に限って正当化さるべきことを、じゅんじゅんとして説いた。この率直な議論に、かれらは結局従わざるを得なかったという。

しかしなんといっても、この時期にジョンが最も個性的に訴えた主張は、選挙権の拡大、なかんずく婦人参政権の問題であった。かれは婦人に男子と同じ参政権を与えるべきことを唱えたばかりか、教育上、職業上、財産上、あらゆる差別は撤廃さるべきである、と考えていた。

ところが時代は、いまだそこまでは熟してはいず、ジョンはしばしば孤立に近い状態に追い込まれ、いまや保守党および自由党内の多数派にとって、より一層煙たい存在となってしまった。

二度目の選挙

このようなとき、下院は解散となって、ジョンは二度目の選挙戦を闘った。しかし、情勢は二年前とは大分違っていた。はじめ、ジョンが新人で政治的には未知数であることに漠然と期待をかけていた人たち、ジョンの書物の中にある民主主義の行き過ぎ警戒論に、保守的な期待を感じていた人たち——こういう人たちはすべて敵に廻っていた。そればかりではない。保守党側は今度はジョンの落選のためにジャンジャン金を使って本腰を入れてきた。「ミルは不愉快なフェミニストである」「無神論者や労働ボスと関係している」「恐るべき避妊と離婚に賛成している」などという悪意のこもった宣伝がいきわたり、いまや中立の人たちまでがジョンに反感を感じ始めていた。

結果はやはり惨敗——ジョンは多少の屈辱感をおさえてロンドンを去った。すでに年齢《よわい》六二歳に達し、かれの健康もそろそろ限度に来ていた。

晩年のミル

アヴィニヨンでの余生

こうしてジョンはもとの学究生活にもどり、南欧の田園生活を楽しむことになった。もともとジョンは政治家に向くタイプではなかった。政治家として活躍するには、かれはあまりにも知的にすなおであり、その行動は誠実であった。だからアヴィニヨンでの隠とん生活こそ、ほんとうはジョンに最も適した気楽な生活だったに違いない。ここでもかれは、なお雑誌にいろいろな論文を書いたし、公の席上では数回の演説をした。また数年前に書いた『婦人の隷従《れいじゅう》』に多少の増補を加えて出版したり（一八六九年）、今後の研究の材料の蒐集を始めたりした。ヘレンがなにかとジョンの手助けをしてくれた。

突然の死

一八七三年五月のことである。アヴィニヨンのその家は生い繁った木々にかこまれていた。かれはその枝を切ったりはいっさいしなかった。うぐいすの立ち去ることをおそれたからである。木陰の小みちで、かれはよく本をよみ、書きものをした。小鳥がいっぱいにさえずり、おとずれる客のあとを、木々づたいに慕い寄ってきた。

ジョンにもヘレンにも、アヴィニヨンの晩春はさながら楽園であった。ジョンは五月を待ちきれず、その友人で、『昆虫記』で知られているフランスの博物学者、ファーブル（Henri Fabre）に手紙を出した。四月二六日である。その返事がとどき、これにさらにジョンの送った手紙が絶筆となった。かれは約束通り、五月三日の土曜、遠出をした。

かれは遠く野道を歩いて草木などを観賞するのが大好きであった。植物学者ジョンとこの昆虫学者とは、昨年もそうしたように、よくいっしょに丘や谷間を歩いた。気心の知れたお互いは、日ねもすだまりこくり、足早に小またに歩く昆虫学者のあとには、大またに考えながらもう一人がつづいた。この両人の間に、なんらか相通い惹《ひ》きつけるものを見ないだろうか。ファーブルは何時間も虫めがねでバッタやクモをのぞき込んでいる。その間、植物学者の方では、ときどき方程式や座標のような問題について考えにふける、というのがならわしであった。

その日は暑かったが、一五マイルも歩いた。疲れたが、心楽しく帰宅した。迎えるヘレンに草の束を渡した。しかし月曜の夜から発熱し、二日後の七日朝死去した。息をひきとる少し前ヘレンに、うわ言のようにささやいたのは、「わたしは仕事をしたね」という言葉であった。

人はジョンの遺骸《いがい》を名誉あるウェストミンスター墓地に埋葬すべきだと考えた。しかしジョンを知る者にとってこの考えほど迷惑千万なことはあるまい。結局かれは翌日その踏みなれた道を経て近くの大理石づくりの墓地に運ばれ、ハリエットの傍に納められた。その死去は急であったので、ファーブルはある晴れた朝、ジョンと昼食をともにしようとして来訪し、そのすでに墓中にあるのに驚いたという。

病因は当地の風土病である丹毒であった。かれはこうして六五年一一か月におよぶ勤勉な生涯を閉じて、いまは愛妻のかたわらで静かにねむっている。

晩年のミル

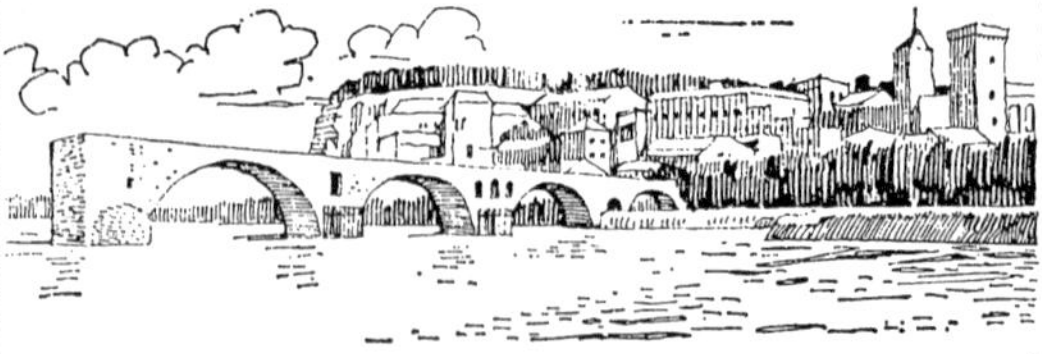

有名なアヴィニヨンの橋

アヴィニヨンというところ

ミル夫妻の墓地は南仏の古都アヴィニヨンにある。ここはかつて法王庁もおかれたほどの由緒《ゆいしょ》ある美しい町で、法王の居城をはじめ数多くの中世紀の建物があり、観光客の絶え間がない。民謡で有名なアヴィニヨンの橋は、ローヌ川にかかる美しい石橋で、ミルの時代にはまだまだ重要な交通路であったという。民謡「アヴィニヨンの橋の上で」は古くからフランスの子供たちに親しまれている歌で、この歌をうたう子供たちは、手をつないで輪になり、ぐるぐるまわった後、兵隊さんとか、紳士とか、お坊さんとか、好き勝手な文句を入れて、その身振りをまねて、再び折り返す、というたいへん面白い歌である。

Sur le pont d'Avignon
（アヴィニヨンの橋の上で）

—Ronde—

chanson populaire

Ⅱ　J・S・ミルの思想

19世紀イギリスの風俗

ミルの著作

主著の概観

幅広い学者　ミルの著書は、ひろく哲学・倫理・政治・経済・社会・教育・宗教などの各方面にわたっている。そのおもなものだけをあげても、十冊くらいはすぐに数えられるほどである。そこで、ミルの思想内容をくわしく考える前に、かれのおもな著書の早見表のようなものを掲げて、全体の大きな見通しをもっていただくことにしよう。年代順にかかげてみる。

㈠『論理学体系』（A System of Logic, 1843）

ミルの最初の主著。書きあげるのに一三年かかったという。F・ベーコン以来の帰納法を大成し、近代論理学を打ちたてたものといわれる。

㈡『経済学原理』（Principles of Political Economy, 1848）

マルクス・エンゲルスの『共産党宣言』と同じ革命の年に公刊された点は注目していい。従来の自由放任を軸とする経済学を、社会改良主義的に修正したもの。この書物によってミルは、古典学派の集大成者であり、かつ最後の人となったといわれる。ただし、マルクス主義経済学の方からは、「生気のない折衷論」

だともいわれる。

(三)『**自由論**』(On Liberty, 1859)
自由論の古典的名著。ミルが生涯、敬愛しつづけた夫人との、度重なる話し合いの結晶として生まれた。自由が人類の幸福と進歩に必要であることが力説される。

(四)『**代議政体論**』(Representative Government, 1861)
いかなる君主も、神のように、善良かつ有能ではあり得ないから、専制の王政でなく民主政体こそ最良である。広大な社会では直接民主制は望めないから、結局、代議制でなければならない、という。

(五)『**功利主義**』(Utilitarianism, 1863)
ベンタムの量的理論に質の問題を導入して修正し、理想主義的功利主義としたといわれる。功利主義という名が広く普及するようになったのは、この書物のおかげである。

(六)『**婦人の隷従**』(The Subjection of Women, 1869)
婦人問題の古典。女性が男性に従属するということは大きな間違いであり、いまや、人類進歩のおもな障害であると説く。

(七)『**自(叙)伝**』(Autobiography, 1873)
自叙伝の名著の一つに数えられる。ミルの死後、ヘレン＝テイラー(Helen Taylor 夫人の先夫――テイラー氏の娘)が、遺稿の中から最初に出版したもの。ミルの思想の形成や、一九世紀の思想界の状態を知るのに、重要な文献とされている。

㈧ **『宗教に関する三論』**（Three Essays on Religion, 1874）

ミルが晩年、宗教に傾斜したことがわかり、興味深い。ヘレンにより公刊された。

㈨ **『社会主義論』**（Chapters on Socialism, 1879）

ミルと社会主義との関係を知るうえで、大事な論文。ヘレンにより公刊された。

㈩ **その他**

以上のほか、重要な書名（または論文名）をあげておこう。

『ベンタム論』（一八三八）
『コールリッジ論』（一八四〇）
『コントと実証主義』（一八六五）
『ハミルトン卿哲学の検討』（一八六五）
『イギリスとアイルランド』（一八六八）

日本への影響

彌爾姓戎・斯去亜的名

もしもこのような漢字だけが並んでいたら、諸君は、ジョン＝スチュアート＝ミルのことだと、すぐわかるだろうか。なんだかトンチのように思えるかも知れないが、実際、明治初年の訳本では、こうなっていたのである！

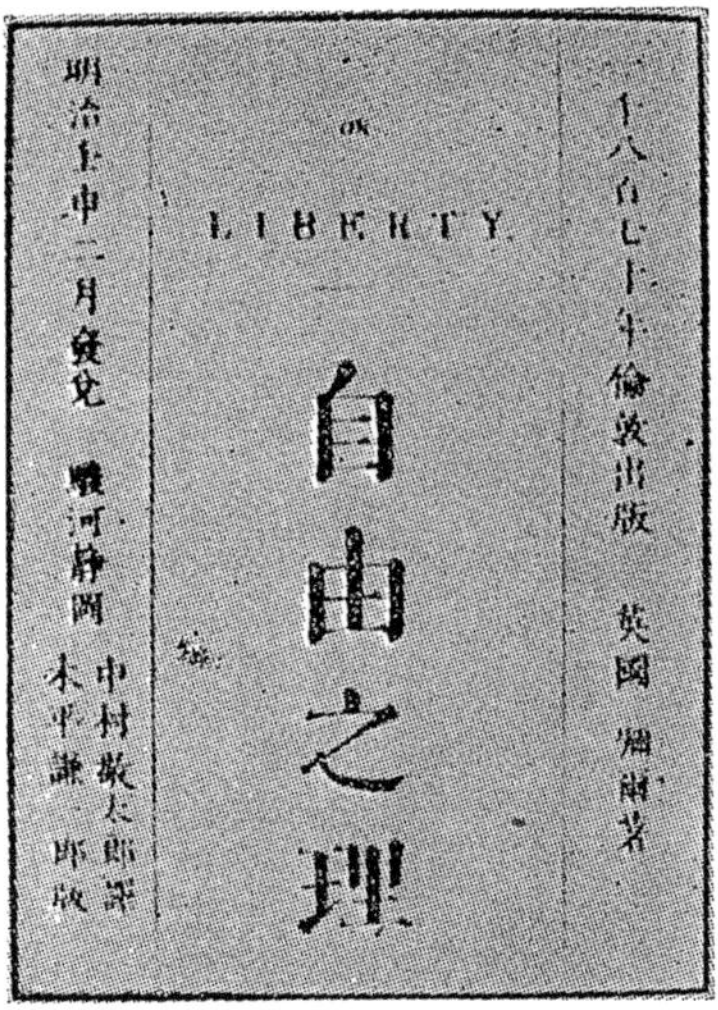

『自由之理』の扉

ミルの思想は、明治初年以来、わが国に続々と紹介された。ミルの名は、彌爾、彌兒、または彌留なる文字で親しまれ、各方面に広く影響を与えた。

このようなミルの流行は、一面、社会学・政治学などの人文科学への関心に基づくものであると同時に、ひろく当時の開明主義思潮の要望にこたえるものといえる。

以下ミルの翻訳《ほんやく》書のうち、重要なものを年代順にかかげてみよう。

㈠『自由之理』中村敬太郎訳　明治四年（一八七一）

いうまでもなく、ミルの『自由論』（一八五九）の訳書である。中村敬太郎（一八三二——一八九一）は名を正直ともいい、明治前期の教育者・道徳学者で、英国思想の翻訳書が数冊ある。この書物は、福沢諭吉をはじめ、いわゆる自由民権運動の人々に迎えられて、大きな影響を与えた。

たとえば、民権運動の指導者の一人、河野広中（一八四九——一九二三）は、この書をひもといて、「自分の生涯に至重至大の一転機を画した」と言っている。つまり、従前の攘夷思想が一朝にして大革命をおこし、人の自由・権利の重んずべきことを知って、民権運動の信条を得た、というのである。

なお、ついでに言えば、このミルの『自由論』は、英文でもかなり読まれ、テキスト版が数種あらわれて、旧制高校の教材となった。ひところは（旧制）大学の「受験英語のバイブル」とまでいわれたほどである。

(二)『代議政体』永峰秀樹訳、明治八年（一八七五）—明治一一年（一八七八）

本書の原著は、いうまでもなく、一八六一年出版の『代議改治論』。ただしこれは全訳ではない。この書物は、わが国の議会制度の準備時代の参考書として用いられた。訳者の永峰秀樹（一八四八—一九二七）は海軍兵学校の経済学教授。

ミル『功利主義』の福沢諭吉手沢本

㈢『利学』西周《あまね》述。明治十年（一八七七）

これはミルの『功利主義』（一八六三）の邦訳。漢文体で書かれ、原題名は『烏地利他尼亜里斯吾《ユチリタニアリズム》』となっている。ミルのこの書物に感激して影響をうけた者は、西周のほか、かなりの数にのぼった。福沢諭吉もそのひとりである。（前ページの写真参照）

訳者の西周（一八二九—一八九七）は、明治初期の洋学の先覚者で、この書物のほか、すでに明治三年の講義で、ミルの『論理学』を紹介している。かれはまた、フィロソフィに哲学という訳語を、インダクションに帰納法という訳語をはじめてつけた人である。

㈣『彌児経済論』林董《ただす》訳述。明治八年（一八七五）—明治十年（一八七七）

ミルの『経済学原理』（一八四八）の訳書である。訳者の林董（一八五〇—一九一三）は、明治初年の外交官。忙しい日程の中から寸暇を惜しんで取り組んだという。また、ミルの原著のラフリン要約版の翻訳は、早稲田大学の天野為之（一八五九—一九三八）により、『高等経済原論』（明治二十四年、一八九一）として出版された。

ミルのこの『原理』は、戦前のわが国の大学において、原語の教科書として広く使用され、経済原論の種本とまでいわれたことがある。

㈤その他

以上のほか、『自伝』や『婦人の隷従』なども、明治前期に邦訳ができてきて、ひろく読まれている。とくに『自伝』は、数種の英文テキストがあらわれ、旧制高校で副読本に使用されたりした。

諸君の中で、英語の勉学と思想の研究との両方を兼ねて行ないたい、という希望をお持ちの方はいないだろうか。こういった希望をもった学徒に、私はミルを英文で読まれることをおすすめする。ただし、ミルの英語は流暢《りゅうちょう》ではあるが、息の長い文章が多く、諸君には、若干むずかしすぎるかも知れない。頑張って読んでいけば、かならず得るところが多いと思う。

ミルとラッセル

イギリスの高名な哲学者B・ラッセルも、若いころミルの文章に魅惑《みわく》されて、ミルの文章がもつ独得のリズムを修得しようと努力した人であった。だから、諸君が、ラッセルとミルとの文体上の類似性まで、わかるようになったら、諸君の英語の力は相当なものといえよう（反面、ヴィクトリア朝の名文と現代英語との差異も目立つ）。英国思想をこれから大いに研究しようという若い学徒諸君は、こういった高い水準の語学力を身につけていることが望ましい。

ミルの経済思想

古典学派

ミル以前の古典経済学　この章では、ミルの第二期の主著である『経済学原理』（一八四八年）を中心に問題を考察する。だが、かれの経済思想を見る前に、ミル以前の経済学の大筋をみておいた方が便利であるので、ここで簡単にふれておこう。

アダム=スミス

ふつう、古典経済学派といわれる一派は、アダム=スミスからマルサス・リカルドを経て、J・S・ミルにいたるイギリスの一群の経済学者のことである。ところで、スミスの『国富論』の出版（一七七六年）から、ミルの『経済学原理』の出版（一八四八）まで、約七十年の年月が流れ、この間にイギリスの社会経済状態も、また思想や理論も変化していった。それにもかかわらず、これらの人々が古典学派に属するといわれるのは、かれらの考え方の間に、多くの共通のものがみられるからにほかならない。それは、本来の理論や方法以外に、それらを支える哲学ないし世界観や、また望まれた政策の中にも示されている。

レッセーフェア

古典学派の政策は、「世界の工場」となってゆく先進国イギリスの産業資本の政策であった。すなわちそれは、どのような国のどのような競争をも恐れる必要のない自由放任の経済政策であった。ところが、旧来の重商主義《マーカンティリズム》は、国内や一部の部門では自由主義を認めたけれども、貿易では保護主義であった。そこでスミスは、自由放任《レッセーフェア》をあらゆる部門に――対外貿易にまで拡張したわけである。

スミスの自由貿易論が、重商主義の保護貿易論にとって代わってから、この主張は一貫して古典学派の伝統的政策の基調となった。マルサスは例外的に穀物の自由輸入に反対したが、リカルドは徹底した自由貿易主義をとり、これを基礎にしてマンチェスター派自由貿易運動が展開された。イギリスが保護貿易から自由貿易へと転換するのは一八四九年のことであるが、その理論的土台は、すでに数十年前に、スミスによって作られていたのである。

自然法から功利主義へ

古典学派の理論の根底におかれた哲学は、いわゆる功利主義の哲学である。スミスにあってもすでに利己心の原理はあらわれていたが、「見えざる手《インヴィジブル・ハンド》」という自然法の思想が残っていた。そしてこれは、当時の社会調和を信頼する楽天主義の前提であった。この自然法思想は、規準のとり方に難点があったので、やがて消失する。

次のリカルドにあっては、利己心によって合理的に行動する「経済人」の理念が前面に出てくる。さらにミルは、ベンタム主義の洗礼をうけ、「最大多数の最大幸福」を実現することがあらゆる学問、とりわけ経済学の目的であるとした。こうして、自然法よりは、もっと明確な規準をもつ功利主義が、経済学の指導哲学となったのである。

リカルド理論

ミルが『経済学原理』をあらわしたころ、ヨーロッパでさかんに読まれていた経済原論はリカルドの著書であった。そこでこんどは、リカルドの名著『経済学及び課税の原理』（一八一七）を中心に、リカルドの理論を概観しよう。

リカルドの経済学は古典学派の代表といわれ、つぎの三点に要約される。

第一に、当時の資本主義社会は、地主・資本家・労働者の三つの階級によって構成され、この社会の生産物は、それぞれの階級に、地代・利潤・賃金の形で分配され、そこには各階級間の経済利害の対立がある。

第二に、労働者の賃金は、人口の動きに圧迫されて、最低生計費に落ち着く傾向を有している。したがって、生産の増加による社会の富の増分は、労働者の手に入らず、他の人たちの手に渡る。ここに急速な資本蓄積の原因がある。

第三に、資本主義経済の発展は、土地の耕作条件がしだいに悪化するという事態によって行きづまる。というのは、耕作条件は、人口の増加による劣等地の耕作によって悪化し、穀物の価格の騰貴《とうき》をもたらし、必然的に賃金水準を上げることになって、資本の利潤率を低下させるからである。

それゆえ、この利潤率の低下を阻止《そし》し、資本の蓄積を進行させるためには、国外からの低廉な穀物の輸入を自由にすることが必要である。

このようにリカルドは、穀物法《コーン・ロー》廃止の理論的根拠を与えたのである。

『経済学原理』

書物の構成　ミルのこの書物は公刊以来、すこぶる好評を得て、『経済原論』の決定版とまでいわれた。わが国においても、戦前、大学の原語の教科書として、最も普及したものの一つといわれる。
この書物は五編からなり立っている。次にその構成を簡単に示そう。

編	題名	内容
一	「生産」	生産の三要素といわれる労働・資本・土地について論じている。
二	「分配」	財産制、生産物の分配をうける諸階級、自作・小作農制、労賃・利潤・地代などについて述べている。

三	「交　換」	価値・貨幣・貿易・信用などを論じている。
四	「社会の進歩が生産および分配に与える影響」	いわゆる動態についての問題――すなわち、産業および人口の増進が価値・価格および地代・利潤にあたえる影響、利潤率低下の傾向、労働階級の将来などの問題を論じている。
五	「政府の及ぼす影響」	主として財政問題を論じ、政府の干渉主義および自由放任主義の是非を論述している。

ミル経済学の特色

この書物の最初の三篇は、いわゆる静態社会をとりあつかっているが、ここでミルは、経済学の二大部門は富の生産と分配とであり、交換または価値は重要ではあるが、それは要するに分配に付随するものであること、また、生産に関する法則や条件は自然科学的真理の性質をおびているからこれに制限されざるを得ないが、分配に関する法則は人為的性質をもっているから、人はこれを任意に変更しうること、などを論じている。つまり、分配論の強調、改良主義の主張と要約できよう。

第四編は、動態社会をとりあつかっているが、その最後の章は「労働者階級の将来」と題し、注目すべき見解を述べている。すなわち、労働者階級にたいする保護政策はもはや無効であり、労働者は、みずからの文化活動・労働組合活動・政治運動などによってのみ、自己の将来の福祉を増進しうると論じている。また第五篇の終章では、自由放任主義をもって一般原則とすべきではあるが、教育などについては、政府の干渉（政府の積極的活動）を正当とすると論じたことが、めだった特徴である。つまり、福祉国家論または厚生経済学の萌芽《ほうが》というように要約できよう。

経済学者ミルの特色

重農学派《フイジオクラット》のケネーは、農業生産の向上を重視した。スミスは、生産一般を重くみた。ところが、産業革命と自由思想によって、生産は向上し、富は増大したが、反面、貧乏人もまた増加した。ここにマルサスの『人口論』が生まれた意義がある。人口のふえる割には食べ物は増産することが出来ず、ここに貧乏が起こるのだという。リカルドは、はっきりと、経済学の中心は生産論ではなく分配論にある、と述べた。すなわち、富が社会の三階級（地主・資本家・労働者）に分配される法則を究明するのが経済学の主な問題であるという。

分配面の強調

また、当時の社会主義者たちも分配を重視していた。一九世紀フランスの二大革命（七月革命と二月革命）前後に、大勢の社会主義者が輩出した。サン＝シモン・フーリエ・カベー・プルードン・ルイ＝ブランらはその指導者であった。フランスの情勢に深い関心をもっていたミルが、これらの影響をうけぬはずはない。おだやかな人柄として知られるミルとしては、めずらしく〝いい過ぎ〟とも思える文章を残している。

「生産の増加がいまだ重要な問題であるのは、世界の未開国だけにかぎられる。最も進歩した国々では、経済上要求されるものは、よりよい分配であって、そのために欠くことのできない手段の一つは、人口の増加にたいする厳密な制限である。」

ここにはまた、マルサスの影響もみられる。この箇所ばかりではない。ミルは「原理」の随所に、労働者は子どもをあまりふやさぬようにせよ、そうすればその生活は裕福となり知能は向上する。子どもをふやしすぎることは労働者をいろいろな意味で下落させる、ということを述べている。

このようにミルがあくまでも人口増加の制限にたいして、きわめて大きな価値をおいていたということは、かれが、社会体制の変革にもとづく生産力の増加に重きをおかなかったということにもなる。ここに、ミルの立場の一つの問題点があるといえるであろう。

社会主義への関心

ミルが社会主義にたいして十分な同情をもっていたことは、この書物を通読すれば、明らかである。さきにも述べたように、フランスの思想界に関心をもっていたミルは、当時のフランスの社会主義者たちから大きな影響をうけていた。愛人のテイラー夫人も、この方向に拍車をかけた。『原理』第四編の末章「労働者階級の将来」は、夫人のすすめによって設けられたと伝えられる。

ミルはいう。「わたくしは、産業上の経営が改良されるにしたがってとるであろうところの形態に関する概念について、社会主義の論者と一致する。そしてこのような変革を開始すべき時機はすでに熟しているということ、ならびにそれはいっさいの正当かつ有効な手段をもって助長し、奨励すべきであるということについて、まったく彼らと同じ考えをもっている。」
なお、晩年のミルがますます社会主義へ傾斜していったことに関しては後でのべる。（一三九〜一五九ページ参照）

社会改良主義

しかしミルは、自由競争というものが、人類の退化を防ぎ、人間の進歩に必要であることを認めた。また、私有財産制というものも、勤労と所得との比例という長所も含んでいるとした。だから、社会の現秩序をてんぷくするということではなく、むしろこれを補強改善してゆくことが必要である、という改良主義の線にふみとどまった。

つまり、ミルにあっては、社会主義の実現はかならずしも現代の社会問題を解決するための唯一の手段ではなかった。事実かれは、社会主義が実現されるための条件として、少なくとも人心の改造を必要としたばかりか、一定の条件が十分に実現されるならば、現在の経済体制下にあっても貧因を根

「世界の工場」イギリス

絶しうるかのように考えていた。つまるところ、社会主義に関するミルの考察は不徹底であり、その思想は過渡的な折衷的なものを代表していたといえる。

この章の要約

ミルの『経済学原理』は、スミス・マルサス・リカルドらの古典学派の学説をうけつぎ集大成したものといわれる。この書物は、体系が整備され、註解もみごとだったので、きわめて好評をはくした。また、新情勢や新説の影響のもとに、幾多の修正個所がみとめられる。また、ミルは社会主義にかなり同情的立場をとっているが、改良主義の線にふみとどまった。こうしてこの書物を貫く思想は、まさに過渡的・折衷的性格をおびている。

まとめ

ミルの経済思想
- 『経済学原理』(一八四八)の目的——新しい情勢をふまえた経済原論
- 社会改良主義
  - 生産面——自由放任
  - 分配面——国家の干渉により、社会正義の実現
- 過渡的性格——夜警国家(自由放任)→福祉国家にいたる過渡的特色
- 折衷的性格
  - 一般的原則——自由主義
  - 教育・厚生など——国家干渉承認

J・Sミルを中心とした経済思想早見表

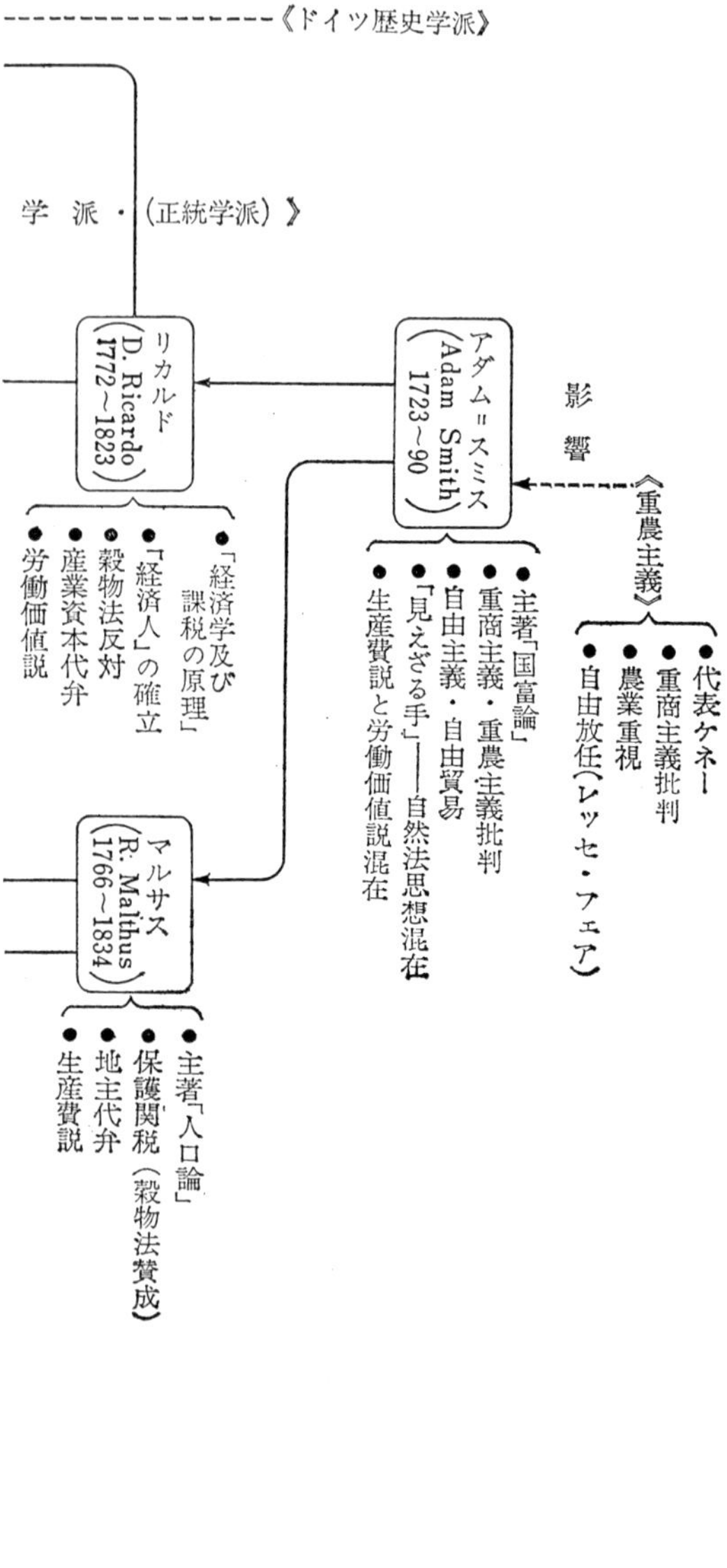
《ドイツ歴史学派》
学　派・（正統学派）》
《重農主義》
●代表ケネー
●重商主義批判
●農業重視
●自由放任（レッセ・フェア）
影響
アダム＝スミス（Adam Smith 1723〜90）
●主著「国富論」
●重商主義・重農主義批判
●自由主義・自由貿易
●「見えざる手」——自然法思想混在
●生産費説と労働価値説混在
リカルド（D. Ricardo 1772〜1823）
●「経済学及び課税の原理」
●「経済人」の確立
●穀物法反対
●産業資本代弁
●労働価値説
マルサス（R. Malthus 1766〜1834）
●主著「人口論」
●保護関税（穀物法賛成）
●地主代弁
●生産費説

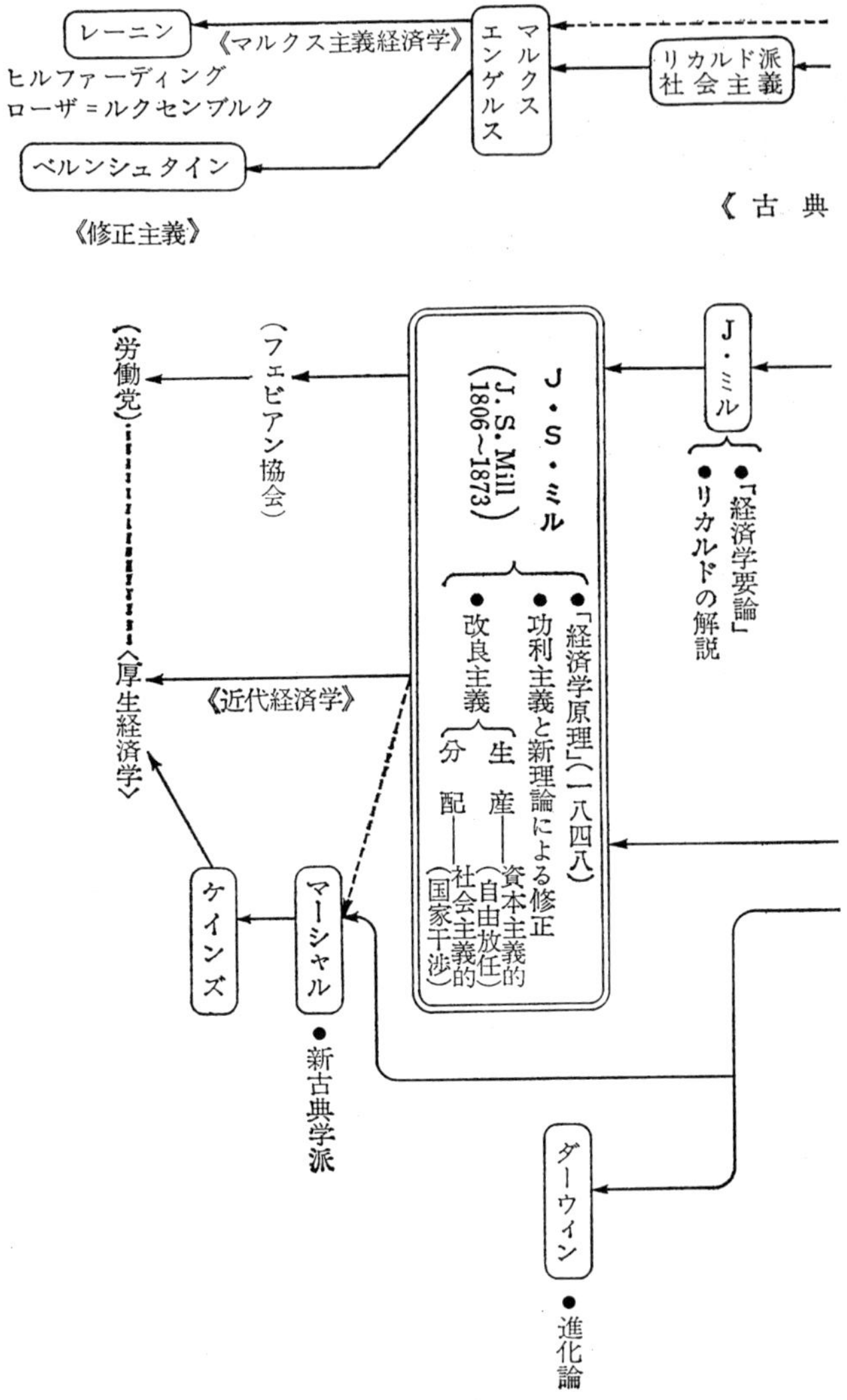
レーニン
《マルクス主義経済学》
ヒルファーディング
ローザ＝ルクセンブルク
ベルンシュタイン
《修正主義》
マルクス
エンゲルス
リカルド派
社会主義
《古典
J・ミル
●「経済学要論」
●リカルドの解説
J・S・ミル
（J. S. Mill
1806～1873）
●「経済学原理」（一八四八）
●功利主義と新理論による修正
●改良主義
生産――資本主義的（自由放任）
分配――社会主義的（国家干渉）
（フェビアン協会）
〈労働党〉
《近代経済学》
〈厚生経済学〉
マーシャル
●新古典学派
ケインズ
ダーウィン
●進化論

ミルの倫理思想

『論理学体系』

近代論理学の大成者

ミルの最初の大著は、書き上げるのに一三年をついやしたという『論理学体系』（一八四三）である。この書物により、ミルは、F・ベーコン以来の帰納法を大成し、近代論理学を大成したといわれる。

F. ベーコン

帰納法の精神

イギリス哲学の創始者といわれるF・ベーコン（Francis Bacon, 1561―1626）が、帰納法（Inductive method）を唱道した精神は次のようなものであった。

従来、学問の方法といえば、観察することから出発するのではなく、アリストテレスを引き合いに出すとか、せいぜい論証（特に三段論法など）が中心であった。しかし、これでは、真の意味での科学の発展に役だたない。そこでベーコンは、アリストテレスの論理学が「オルガノン」と名づけられたのに対し、わざわざ自著に「ノーヴム（新）オルガーヌム」という題をつけ、アリストテレス以来中世にかけての、上述のような非科学的な考え方を根底から打破し、科学的方法を打ちたてようとしたのである。

ミツバチのやり方　ベーコンはいう。「従来の論証という方法は、昆虫でいえばクモのようなやり方であって、あまりに受身、不確実であった。アリはいくぶんましだが不十分。ハチのように積極的・組織的に取捨《しゅしゃ》選択するのが実験的方法である。」

このようにしてかれが考えた学問とは、「知は力なり」というかれが愛した格言からも知れるように、自然を征服し、それを人間生活に役だつようにするための力であった。ところが、自然を征服するには、あくまでも自然に従順に従い、自然のできごとを忠実に観察し、収集し、整理して、順次に自然の内部の秘密をとり出し、それを慎重に計算し検討して法則というものを打ちたてる以外はない。このように複雑な事実（経験）を整理して確実な知識をくみとるという方法こそ、かれの帰納法であった。もっとも、このような考えは、**ベーコン以前に萌芽《ほうが》がみられる。**ただ、ベーコンはこれを集成・通俗化したといえる。

ミルの労作の評価　ところがベーコンは、自然科学的・実証的法則というものをほんとうには理解しておらず、また、自然科学における数学の意義をも知らなかった。したがって、ベーコンが残した帰納法理論をおぎない、その理論全体を体系化する必要が残されていた。ミルの『論理学体系』は、このような要請にもとづき、従来の諸説を統合整理した労作で、発表後しばらくの間は、きわめて高く評価されていた。

ところがミルの死後、演繹《えんえき》論理の自己主張がはじまった。そして、現代物理学は、（従来の意味での）帰納をぜんぜん使わないですまされる、という主張さえあらわれた。また、この書物の出版後まもなく、生物学の新しい論理――進化論が公表され、世紀末には精神分析学が登場する。さらに、マルクス主義の陣営からは、歴史や社会を分析する新しい武器として、弁証法の理論が提唱される。そしてこうした新しい一連の動きの中で、ミルのこの著作が、どれだけの地位を占められるかは、現在ではかなり疑問視されるようになった。

倫理学の地位

ただこの書物には、学問全体の骨組みが示されているから、ここでは、ミルの倫理学の位置づけについて若干ふれておくことにしよう。

ミルによると、「倫理学は人間性と人間社会についての科学に対応した技芸《アート》（人文学）の一部である」という。つまり、倫理学は、科学そのものではないが、科学と深い関係をもち、いわばその応用にあたる、という意味であろう。

またかれは次のようにいう。「アートである倫理学は目的を設定し、科学《サイエンス》は条件を調べてその諸事情を分析報告し、……アート（倫理学）はさらに再考慮し、目的を再選択する。」

以上のことを、まとめて表にすると、次のようになろう。

人間性および社会の学問

サイエンス（科学）＝社会科学＝条件・手段の検討・吟味《ぎんみ》

〈相互に密接な関係〉

アート（人文学）＝倫理学＝目的の選択・再考慮

このようなミルの立場は、（社会）科学と倫理学との関係を要領よくまとめたものとしていまなおおもしろい。

ベンタムの功利説

近世の幸福主義

功利主義（ユーチリタリアニズム、Utilitarianism）は、イギリスのいわば伝統的な倫理思想である。それは現代においても社会道徳・政治思想として、この国に強く流れている。功利主義とは、ひと口にしていえば、幸福をもって最高善とし、幸福を追求する道徳思想である、といえる。もちろん、幸福を求める説が功利主義とすれば、古代から現代にいたるまで幸福を否定した者はないであろうから、みな多かれ少なかれ功利主義者である、ということになってしまう。しかし、これから研究しようとしているイギリス近世の功利主義は、①感想的・思いつき的な思想ではなく、科学的・理論的に洗練されたこと。②幸福の内容としては、人間としての快楽に重きをおくこと。③個人の幸福よりも、広く社会の多数の人々の幸福を主眼としていること。などの特色をあげることができる。

近世功利主義の代表者としては、まず、ベンタム（Jeremy Bentham, 1748―1832）をあげることができる。かれの人柄については、すでに二六ページでふれたから、ここでは、かれが当時、社会改造論者として評判となり、哲学的急進派（Philosophical Radicals）としてイギリスをはじめ、ヨーロッパ諸国の社会改造に特色ある地位を確保していたことだけを、追加しておこう。

功利とは

イギリス経験論の立場は、ホッブズやロックのように、個人の欲望や自己保存の本能を根本として、人間は幸福を追求するものであるとした。が、功利主義は、さらに広く社会的な基盤で、この問題を考えようとした。功利（Utility）とは、ベンタムによれば、快楽や幸福を産出する傾向をいい、功利主義あるいは「功利の原理」とは、すべての行為をそれが関係している団体の幸福を増すか減ずるかの傾向によって、是認しまたは否認するところの原理である。したがって功利主義者とは、ある個人の行為または政府の政策の善悪を決定する場合に、社会の幸福を増すか減ずるか、すなわち功利の原理に一致するか否かによって決定する者をいう。

快楽計算　ベンタムは次のように考えた。ある行為は、けっして一個の単純な快楽または苦痛を生ずるものではなく、諸種の快苦をふくんでいるため、それを分析し、あらゆる角度から比較観察し、差し引き勘定して価値を決定しなければならぬ。その場合、快苦の比較計量には、次の七つの規準がある。

㈠、強烈度　㈡、継続度　㈢、確実度　㈣、遠近度　㈤、多産性　㈥、純粋性　㈦、範囲

㈠、㈡は現在に感じつつある快苦の価値を判定するのに用いる規準で、その強さと長さとである。㈢、㈣は将来感じられる快苦の価値を判定するのに用いる規準であって、確実にえられる快は不確実な快より価値があり、また、遠い快楽と近い快楽を比較した場合、近いものが大きな価値をもつ。㈤、㈥は行為または事件の評価に用いる基準である。ある行為がつぎつぎと良い結果を生むとき、それは多産性ありと称賛され、つぎつぎと良い結果ばかり生ずる場合は、純粋性ありといい、悪い結果が混じている場合は純粋性がないといわれる。㈦は、快苦のおよぶ人数を問題にし、より多人数に及ぶ快はより善く、そのような苦はより悪い。

最大多数の最大幸福　こうしてかれは、人間の本性を利己的であると考え、有名な「最大多数の最大幸福」(the greatest happiness of the greatest number)を功利主義の最高目標とした。利己的な人間とても、社会の中で生活するのであるから、結局社会の問題を解決し、最大多数の人々の幸福を増進するように心がける以外にない。このように考えるベンタム派は、社会の不合理を是正し、社会の不公平を改める方向に進み、「急進派」とよばれたほど、画期的で力強い改革運動を展開することとなった。(一二四〜五ページ参照)

ベンタムの残した問題

ベンタム批判　ベンタムの倫理思想は、当時、いろいろな角度から非難されたが、そのおもなものは次の二点にしぼられる。

第一に、功利主義の基本をなす快楽説(Hedonism)は、人間の品位をおとし、向上を願う人間にとって、ふさわしい学説ではない、という非難である。つまり、快楽を人生の目的とするのは、「豚のような」低級な人間にのみふさわしい、という。

第二は、「個人の快楽」という初めの出発点から、いかにして「社会全体の快楽」をはからねばならぬという理論が導き出されるのか、ベンタムにおいては明確に論じられていないという非難である。つまり、人間はすべて自己の快楽を追うという大前提（人間の本性）から出発しながら、なぜ、他人の快楽や社会全体の幸福を増進すべし、という倫理性が生まれてくるのか？

この二つの問題のうち、おもに第一の非難に対して功利主義を擁護しようとしたのがJ・S・ミルである。第二の非難に対しても、かれは、連想心理学（一〇六〜七ページ参照）を持ち出して、弁護につとめてはいるが、それはあまりにも弱々しく、十分に説得力をもってはいない。

一九世紀中頃の情勢

J・S・ミルが活躍した一九世紀中頃は、いったいどんな時代であったかを、ここでもう一度思い出してみよう。一口で整理すれば、産業資本が確立し、資本主義的打算的風潮が風びし始めた時期である、といっていいであろう。そして一般には、このよ

19世紀中ごろのロンドンの町

うな風潮と功利説とは関係があるものとにらまれ出していた。ミルが一八六三年、『功利主義』なる一書を書かねばならなく思いたったのも、当時、そのように功利主義への誤解や反発が強かったためである。

この小著の中で、かれは、ありとあらゆる非難や攻撃に対して、具体的に説得を進めている。以下、このおもな点を要約してみよう。

「功利」という言葉を誤解し、逸楽的または打算的とするのは当たらない。功利主義は動物の満足ではなく、人間的満足と人間の向上とを考えている。功利主義は理想主義を否定するのではなく、かえって万人が承認し願望するところの不幸の予防、軽減を考える。それは、かならずしも無神論ではないし方便主義でもない。また、あまりにも高過ぎて実際の基準にならないという主義でもない。それは、徳を軽視し、究極的制裁や正義を弱めるどころか、かえってそれらを合理的に基礎づけるのである。

以上、功利主義がミルの当時から、かなり誤解をうけ、しばしば「俗悪な快楽主義」とみられ、「悪臭を放つ哲学」として軽蔑《けいべつ》されたかがわかる。そしてミルは、このような非難をふまえて、功利説の補強工事に乗り出したのである。

ミル功利説の基礎理論

功利の第一原理　ミルによると、功利主義の第一原理は次のようなものである。

「……快（pleasure）と苦（pains）からの解放は究極的目的として欲求すべきただひとつのものである。……いっさいの善きものは、それに内在する快のゆえに、または、それが快を増進し、苦痛を軽減する手段なるがゆえに、善きものである」

ただしこの点は、ベンタムとほとんど変わるところはない。

利他の強調　ミルは、『功利主義』に四年先立って刊行された『自由論』の中で、次のような説明をしている。

「功利は」あらゆる道徳問題に対する究極の決定規準である。しかしそれは、もっともひろい意味での功利で、進歩する存在としての人間の恒久的利害に基づかなければならない。」

「功利主義」の中でも、はっきり次のように言い切っている。

「……この主義（功利主義）は、行為者自身の最大幸福を基準とせず、社会人類の幸福の総和の最大量を基準とする――」

つまり、功利主義の倫理性を形造っているのは、最大幸福の原理（快楽主義）というより、最大多数の原理（社会的利他の原理）にあることをミルは強調した。しかもこの利他は、高貴なる人間にとっては、自己の真の幸福に通ずるのだという。この利他の強調は、ベンタムにおいてもすでに萌芽《ほうが》があったにせよ、ミルのいちじるしい特色であるとみてよいであろう。

究極原理の証明　功利主義の究極原理の証明は、いかにしてなし得るのであるか、かれによると、究極原理の通常の意味における証明はできない。しかし、間接的に広い意味での証明――合理的理由づけはできる、という。

「究極目的に関する問題は、換言すれば人がなにを欲するかの問題である」

「ある物体が見えるということのただひとつの証拠は、人が実際にこれを目撃することである。ある音が聞えるということのただひとつの証拠は、人々がこれを聞くということである。……なにが望ましいかということを証明することのただひとつの証拠は、人々が実際にこれを望んでいるということである。……一般的幸福がなぜ望ましいかという理由は、すべての人が、かれ自身の幸福を望むものであるということ以外、なんら与えられることはできない」

このようなミルの論述は、後世、種々の問題を提起することとなった。

功利説と補説　またミルはいう。

「功利の大原理のほかに、いくつかの補説が必要である。……特に、苦痛および快の観念の中に、なにを含めんとするか、またいかなる程度にまで未決の問題として残るか、という問題がある。……しかしながら、これらの補説は、功利という大原則そのものには影響しない。」

功利主義に補説が必要だという点は、後に、H・シジック（一八三八―一九〇〇）がはっきり言明していることであるが、問題は、補説が功利主義の補強のために、どのように導入され、またこのことが、ミルのいうように、功利という大原則そのものには果たして影響せぬものであるのか、ということであろう。

（一一〇ページ参照）

人格主義的功利主義

先天説の批判　ミルの時代になお優勢であった倫理学説は、道徳的観念や原理を直覚（Intuition）に立脚させたり、または理性や良心を道徳的判断の根拠とみなす考えである。このような主張は、イギリスには古くからあり、一九世紀に入ると、ドイツ観念論の影響も加わって、ミルの時代にはかなりの勢力をしめていた。

この派の人たちは、道徳的観念や原理を、人間性に生得的なもの、卓越した権威をもつもの、批判や検討を越えたものと考えた。すなわち、これらの問題は、分析したり吟味したりすることができず、無条件に受け容れられるべきものとしたのである。

かれらは快楽や功利の規準に頑強に反対し、自説こそ最も高級で厳粛な倫理説であると信じ込んでいた。ミルはこのような、いわば道徳の先天説は、みな「仮面をかぶった独断説であって、大げさな言葉（「自然の法則」とか「神の摂理」という）の蔭にかくれて、実は自己の勝手な感情を他人に強制するものにほかならない、と考えた。かれは『自伝』の中で

「わたくしの信ずるところによれば、われわれの精神のほかに存在する真理が、観察および経験から全然独立したところの直覚作用、すなわち意識作用によって認識され得るという考えは、現代において虚偽の学説や有害な制度を支持するところの一大知的支柱である。こうした理論があればこそ、どうして起こってきたか身許の明らかでない頑迷な信仰や感情も、真理によって自己を弁明する義務をいっさいまぬがれ得ることになり、傲然《ごうぜん》としてそれ自身完全無欠なものとしてそびえることになるのである。」

と述べて、**先天的学説の弊害を力説している。**

快楽の質

当時、道徳の先天説をとる人たちは、功利主義道徳を、「低級な、豚の道徳だ」とののしっていた。ミルは逆に、「快楽というと動物的な肉欲しか考えないかれらこそ、人間性をいや

しい考えでおおっている」と非難した。

かれはまた、「快楽には質の差がある。功利主義者は快楽の量ばかりでなく、高い質の快楽を強調するのである」と主張した。功利とは、行為者自身の安易なエゴイズムではなく、関係者すべての幸福を意味し、人間の崇高な義務をも含むものである。すなわち、キリスト教の隣人愛の精神とか、コント（Auguste Comte, フランス　1798～1857）の高尚な利他的感情とか、そういったものすべてを包含するのが功利主義である、という。

『功利主義』の中から、かれの有名な言葉を引用しよう。

「自己の幸福と他人の幸福のいずれを選ぶべきかという場合、功利主義者は行為者に、公平無私で寛大な傍観者のごとく厳密に公平であるべしと要求する。ナザレのイエスの黄金律の中に、われわれは功利主義倫理の完全な精神を読むことができる。おのれの欲するところを人に施し、おのれを愛するがごとく愛せよというのが、功利主義道徳の極致を構成する。」

ベンタム説の修正　このようにミルは、快楽の質の区別を強調することによって、先験説の側からの非難をうけとめ、功利主義の立場を一層強化できると考えた。これは明らかに、ベンタムや父ジェイムズの立場からの離脱である、かれらにあっては、快楽はもっぱら量的に扱われていて、ベンタムが言ったように、「もし快楽の量が同一ならば、止め鋲《びょう》も詩も価値には変わりがない」のであった。

ところがミルは、快楽の質の区別を導入し、質を強調することを、功利の原理といささかも矛盾するものではないとした。こうしていろいろな快楽は、本質的に異なるものと考えられ、高等な快楽と下等な快楽が峻別《しゅんべつ》される。そして質の高い快楽こそ人間に真の満足を与え、かれらを真に幸福ならしめるものだという。ミルの言葉を聞こう。

「人間が下等動物の快楽を得られると約束されても、下等動物に変わろうという者はいない。また、聡《そう》明《めい》な者は馬鹿者に、教育ある者が無学者に、感情や良心に富む者は自利的で下卑な者に、なろうとはしない――たとえより大きな満足が約束されても。」

不満足なソクラテス　このように、人間は決して単に快楽の量によってのみ支配されるものではない。それは人格に特有な「尊厳の感」があるからで、この高尚な感情が害されるくらいなら、低級な快楽はすべて失われる方がましだ、と考えるからである。だから、

「満足せる豚たらんよりは、満足せざる人間たるがよい。満足せる馬鹿たらんよりは、満足せざるソクラテスたるがよい。そして、馬鹿や豚がそうでないと考えるとすれば、それは、かれらがこの問題の自分の側のみしか知らないからである。かれらと比較される相手方（不満足なソクラテス）は双方の立場を知っているのだ。」

つまりミルは、快楽の質の区別を重視し、それを決定する方法は、両者を経験している聡明《そうめい》な人々の決定

なやめるソクラテスか
満足せるブタか

による、と考えたのである。

連想心理

ところで、ベンタムの残したもう一つの問題の方はどうなったであろうか。その問題とは、「個人の快楽」から出発した功利論が、いかに「社会全体の快楽」をはからねばならぬという理論に転化できるか、というポイントであった。

ミルはこの点を、連想心理学で説明しようとする。たとえば、利己心の利他心への変化は、蓄財家が守銭奴《しゅせんど》に変化するのと同じようにして生じるという。守銭奴の場合、はじめは、金銭によって得られる快楽を目ざしているかも知れないが、やがてその愛情は目的から手段に移り、金銭そのもののために金銭をたくわえつづける。また、自我に対する快楽は究極の原理ではあろうが、倫理的人間は他人への献身的奉仕の過程において自我を忘れてしまう。換言すれば、全人類に対して深い同胞的愛情をもつ者は、たんにせまい自己の利益をこえて、社会全体の発達を願うようになる。そしてこのようにせまい自己の快楽にとらわれなくなったとき、人間はかえってそこに真の幸福を見出すのだという。

ミルによれば、徳もまた同様に、手段と目的との連想によって説明できるとする。元来、徳は幸福への手段であるが、またそれ自体としても望ましく、したがって幸福の「一要素」または一部である、という。ただこの場合、功利主義の特色は、「究極的には、徳そのもののために徳を望む者は、徳の意識が快楽であるためか、徳のないことの意識が苦痛であるためか、あるいはこの両者の理由がいっしょになったために、それを欲するのである」というように説明を加えることである。

社会的感情の強調

ミルは、フランスのサン＝シモンやフーリエ、コントらの影響をうけて、人間の本性には利他心がかなり含まれていることを教えられた。この点が、ベンタムや父ジェイムズといちじるしく異なる特徴の一つになっている。

いったい道徳には社会的性質が含まれ、また社会そのものに道徳的目的が含まれている。正常な社会は、この成員に、正常な道徳感（正義）と正常な社会的感情（同情）――すなわち、同胞と一体たらんとする感情を育成する。そして、われわれのこの社会的感情は、ますます涵養・発展せしめうるものであって、とくに教えこまなくても、進歩しつつある文明の諸影響のもとに、しだいに強化される傾向があるという。

このようにミルは、個人を純粋な遊離単位とはみず、個人は本質的には強い社会的本能・同情・感情をもつ社会的成員であるとみたのである。そして一般的には、社会的感情は強まる方向にある、と考えていた。その限りミルは、楽観論者であったとしていいであろう。ただしかれは、無条件でこのことを認めたのではなく、「必要な改革が行なわれれば」というただし書きを付けることも忘れていなかった。この「必要な改革」というのは、前にも述べたように、たとえば、議会の民主的改革とか、労働者階級の厚生とか、国民教育の普及とかいうことで、晩年のミルは、この最後の教育に大きな期待をかけていたようである。

楽観論と懐疑論の交錯《こうさく》

『自伝』の中でミルは次のように書いている。

「現在では、公益に対する関心は、大多数の人々にあっては、すこぶる薄弱な動機としかなり得ない。というのは、それが本質的に、どうしても強くなり得ぬからではない。われわれの心が、朝から晩まで私益にばかりかかわっているのに反して、公益にかかわる癖《くせ》がついていないからである。現在では、利己心のみが刺激されているが、もし公共心が平素の生活の中で喚起《かんき》され、名誉心と廉《れん》恥《ち》心とによって推進されるならば、それはごく普通の人にも、きわめて高い努力や英雄的な犠牲行為をなさしめ得るであろう。現存社会の一般的特徴となっているところの根強い利己心があのようにまで強いのはほかに理由はない。現存諸制度が全面的に利己心を助長する傾向があるからである。」

このような立場から、ミルはいくたの社会改造を唱えたのであるが、その結果は、かならずしもかれの予期したものではなかった。そこでかれは、しだいに次のような懐疑を抱くようになった。

「英国では、わたくしの若いときの意見の多くが世人に認められ、わたくしが一生を通じて力説した制度上の改革の多くが、実現されるか、または実現の道程にあるのをわたくしは眺めることが出来た。これほどの改革が行なわれたならばさぞかし大きな便益を人類の幸福にもたらすであろう、と以前のわたくしなら考えたであろうが、さてそれが実行されてみると、いっこう、それほどの便益をもたらさなかった。なんとなれば、それらは、人類の幸福のほんとうの向上への基礎となるもの、すなわち、われらの知的および道徳的状態にほとんどなんらの改善をもたらさなかったからである。それればかりではない。その間に作られつつあった退化の諸原因が、向上せんとする諸傾向を相殺してなお余りがあったのではないか、とさえ考えられるのである。」

こうして晩年のミルは、楽観論と懐疑論の交錯《こうさく》するところを、換言すれば功利主義と理想主義の交錯するところを、模索しつづけるのである。

功利主義論争

功利主義と整合性

いわゆる功利主義倫理体系については、自己の快楽と他人の快楽との非連続性が問題となり、ミルによる利他の強調は、健全な倫理的感覚には適合するけれども、論理的には整合性の犠牲《ぎせい》において結合がなされた、と指摘される。

つまり、自己の最大幸福を得ようとすること（最大幸福の原理）と、社会の多数の幸福を願うということ（最大多数の原理）とは、基本的に矛盾することではないか、利己心と利他心とは、そもそも連結を許さないものではなかろうか、快楽の質と量とは、調和しがたいものではないのか……という疑問が提出されるのである（ベンタムの場合にも少しふれておいた）。たしかに、以上のような、いわば複合原理にのっとって行動しようとすれば、現実の問題として困難になることは必至である。

これに対してミル自身は次のように考えていた。

「功利または幸福は、余りにも複雑な不確定な目的であって、いろいろの第二次的原理の媒介をかりなければ、けっしてねらうことは出来ない。」

つまり、ミルによれば、人性とか人間性とかいうものは、複雑な概念であって、もともと一つの原理で割切ることはできない相談だというのである。この点は現代の哲学者B・ラッセルも大体同意見で、「無理な単純化よりも、良識に合致するが矛盾を含むような原理の方が、まだましだ」というようなことを述べている。そして、現在なお、ミル理論の矛盾は学問的に決定的な弱点といえるのか、それとも、元来人間性のもつ多様性からして、やむを得ぬものなのか、という論争が続けられている。

自然主義的誤謬《ごびゅう》　ミルの理論の批判として、いまはすでに古典的になったものの一つに、ムーア（G.E. Moore, 1873~1958）の提出した問題がある。ムーアは、功利主義の大体の線は承認しているけれども、ミルの理論の基礎には混乱がみられるとして次のように言う。

「ミルは望み得る限りの最大の素朴《そぼく》さと無邪気さで、自然主義的誤りの推理を用いている。かれ（ミル）のいうところによれば、『善い』とは『望ましい』ということであり、なにが望ましいかということは、なにが実際『望まれている』かを知ることによってのみ見出されるという。」

ところで、このムーアの「自然主義的誤謬」という言葉は、あまり適切な表現ではないが、要するにその意味は、「倫理的判断（規範）は非倫理的前提（事実）から推定されるものではない」のに、ミルはこの両

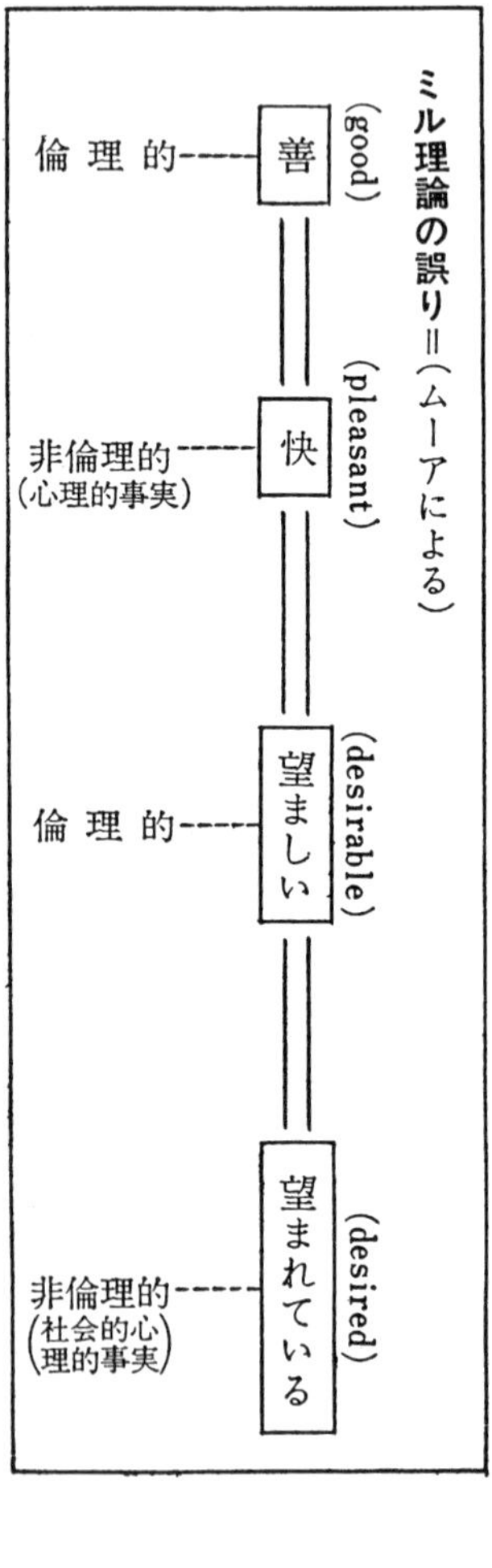

者を混同している、というのである。[1]（前図参照）

ところが、この批判は、ミルの小著『功利主義』の記述に関する限り、ある程度、当たっているかも知れないが、かれの組織的な大著、『論理学体系』の方では、規範と事実ははっきりと区別されており、また、人間論の基盤である日常生活においては、元来、複雑に交錯するものなのであるから、ミルの立場を誤謬《ごびゅう》であるときめつけることは、どうも無理ではないか、という反論も出ている。

規則と行為

もう一つ、現在学界で論争されていることは、いったい、ミルは功利の原理を、どのレベルで使用しようとしていたのか、という問題である。そもそも、功利の原理にしたがって行動するという場合、二つの立場が考えられる。一つは、一般的な実践規則の優劣をきめる場合、功利の原理（最大多数の最大幸福）に照らして考えることができる。これはつまり、いわば立法家の立場で、普遍的に考えて、目的自体の優劣をきめようとする（規則の功利主義）。もう一つは、ある具体的な行為が、功利の原理に照らしてみて正しいかどうかという判断をくだそうとするもので、いわば裁判官の態度に似ている。（行為の功利主義）

たとえば、ガンにかかっているある不治の病人にうそをついて病因を知らせないのは、この本人に深刻な打撃を与えるからだと考えると、それは「行為の功利主義」であるが、この病人にかぎらず、このようなこ

1） ミルを批判するムーアの主張は、善（究極善）は単純概念、定義不能、分析不能で、直覚によるほかない、ということにある。

とが社会全体に行なわれた場合、結局社会全体に不幸をもたらすからよくない、と考えると、それは「規則の功利主義」である。

ところでミルの場合は、功利の原理をおもにどのレベルで考えたのであろうか。一般的には「規則の功利主義」の立場をとっているようであるが、同時に、「行為の功利主義」の方も含めていたらしい。そして、功利性といっても、いろいろな段階があり、結局、高次の功利性（全人類普遍の恒久的利益）が低次の功利性（ある個人だけの一時的利益）の優劣をきめるとした。さらに、したがって功利主義教育とは、この低次の段階に止まっている人達の視野（知性と感情）を拡大して、より高次の段階へと進ませることである、と考えていたらしい（次図参照）。しかし、この辺は現在なお論争のある箇所である。

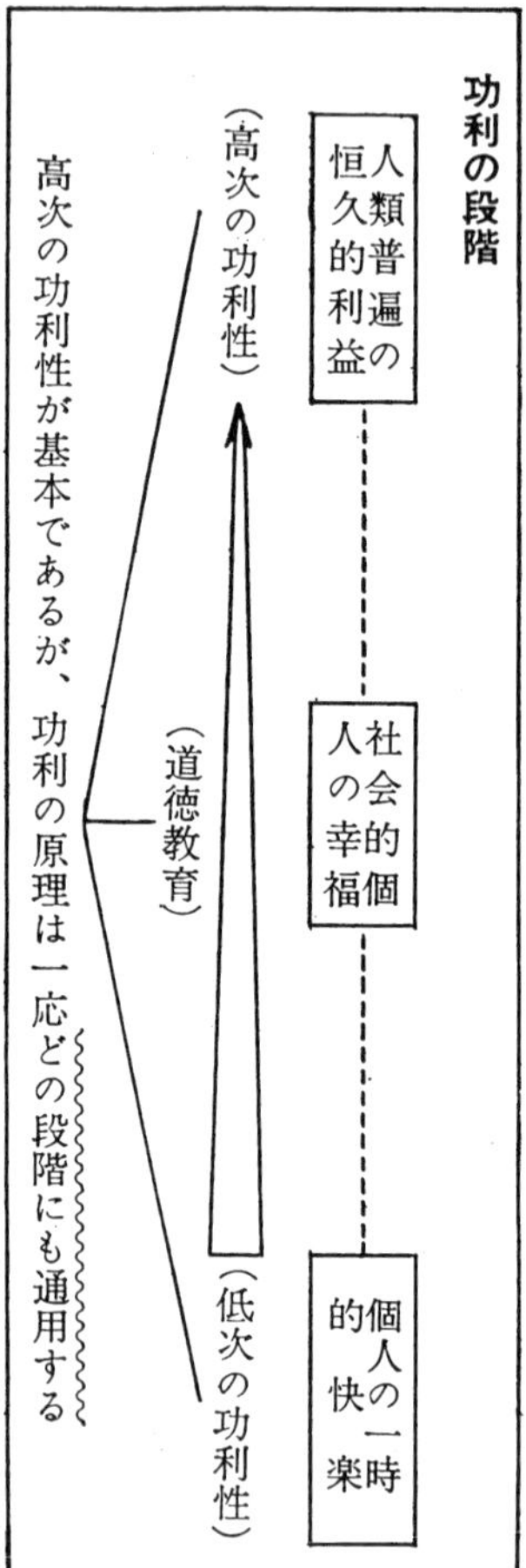

功利主義に反対する立場

反対論の是非

功利主義に反対する意見は、むかしから数限りなく提出されてきた。しかし、そのどれも半ばは当たっているようにみえながら、完全に功利主義の理論を抹殺《まっさつ》し去るほど、強力ではなかった。さきほどのムーアのミル批判にしても同様で、結局、部分的な批判にすぎず、かれ自身、功利主義の大部分の原理を承認していたのである。功利主義批判は、一見やさしいようにもみえながら、大変にむずかしい問題を内蔵していると言えよう。

禁欲主義

古代の昔から、快楽主義の正反対は禁欲主義である、ということになっている。したがって、快楽主義を基礎とする功利主義に対して、まず反対を唱えるのは禁欲主義の原理であろう。かれらは、快楽をもって人間の堕落《だらく》であるとし、利己的利益にわずらわされないで高貴な理想のためにひたすら邁進《まいしん》することこそ、人間の生き方の最高であるという。

しかしひるがえって考えてみるに、このような境地は、常人のなかなか味い得ないものであるにせよ、高い意味での幸福感と結びついている。そしてかれらには、こういう意味の幸福を求める深い要求があることも事実であるようにみえる。

また、自分の幸福はかえりみないという場合、「民衆のため」「人類のため」という要素がかならず含まれ、自分の犠牲によってだれかが、なんらかの意味で幸福になってくれることを確信している場合が多い。あるいは、禁欲主義の場合、多くは「急がば回れ」式の考え方で、快楽にとらわれない修行の生活こそ、かえって魂の真の平静にいたるのだという理論と組み合わさっている。とすると、苦痛そのものを理想としているというよりは、苦痛の背後に、なんらかの幸福を想定しているとみなしてもよいであろう。

理想主義・人格主義

理想主義または人格主義の面からの功利主義批判も、右と同様に考えてよいであろう。空（涅槃《ねはん》）の境地、無の境地、人格の完成——などといったところで、これと人間の幸福は決して矛盾するのではない。ただ、普通の意味での幸福がここでは否定される、という点が異なるだけである。

同情・良心・理性

これらの原理は、人間がある行為の善悪を決定するのに、幸福の増減によってすると いうのはうそで、社会的是説（同情）とか、「良心」とか「理性」とかいう規準にしたがって判断するのだ、と主張する。けれども、社会的共感を得て反感を避けようとするのは、結局、自分が孤立して苦しくなることを避けたいということであり、つまりは功利の原理と大差ない。また、人間に「良心」とか「理性」とかいう恒常的な規準がそなわっていて、これによって判断するといっても、事態は同じである。というのは、「良心」にしても「理性」にしても、実はきわめてあいまいな概念であり、結局はその本人が、そう考えたい、判断したい、という要求と結びついている。そして、そう考えた方が自分に納得がゆき、安心できるという面を含んでいるからである。

その他の批判

ミルの功利主義が複雑であったのと同様、功利主義への批判も、本当はかなり錯綜している。たとえば次のようなものはどうであろう。

「功利主義は、幸福こそ人間の欲することであるというが、幸福だけが人間の考えるすべてではない。」

「功利主義は、目前の低次の幸福を乗りこえようとするきわめて困難な仕事に、打ち克《か》つだけの力を人間に与えない。」

「功利主義は、実際に行なわれてみると、ミルなどの期待した方向へは進まず、結局、自分自身の幸福だけに終わってしまう。」

「功利主義は、だれかれの区別なく、人間一般の幸福を促進しようとするが、これではかえってなにもしないでいいという無責任の体系におちいってしまう危険がある。われわれの義務は、すべてのものの幸福を一様に促進することではなくて、その人たちとわれわれとの道徳関係に従って、緩急《かんきゅう》を見きわめることである。」

「功利主義の一般主義は、この地上の生活が現にあまりに多くの苦痛を与えているところの人々を救わない。かれらを救うことが全人類のためであるのに。」

「功利主義は、人間の快苦を固定的に考えてしまった。実際はきわめて流動的・相関的・発展的であるのに。」

右のような各方面からの批判を、諸君はいったいどう考えるであろうか？

ミル以後の情勢

グリーンの警告　かつて、イギリス理想主義の中心人物であるグリーン（T.H. Green, 1836〜82）は次のような趣旨のことを語った。

「功利主義はいまや、たんに書斎における一部学者の研究題目たるにとどまるものではなく、しばしば客間における話題となっている。五〇年前においては、自己の進路や行動に関する指針を必要とした場合に、隣人の思惑や、教会、宗派の訓令や聖書の文句などにその指針を求めていた民衆が、いまは職業の選択についても、習慣の選択についても、また時間の費し方の選択についても、いずれが幸福のより大きな分量を生ずるかという功利の規準に照らして、善悪を決定しようと論議しつつあるのである。したがって功利主義道徳哲学の欠陥とそれのもたらす害悪に対して深い警戒の念を払わざるを得ない。」

この場合の功利主義とは、どうやら、俗流打算的な功利主義を意味するものと考えてよかろう。そしてこのような俗悪な功利主義は、ミルの高貴な功利主義とはまったく別に、とうとうとしてイギリス社会に広がっていた。

ハード-タイムズ

たしかに、当時は、産業革命とフランス革命後の、新旧社会の谷間の時代であり、同時に精神的谷間の時代でもあった。旧い制度やモラルの冷却しきった驚くべき非情さと同時に、新興ブルジョワ階級の非人間的な打算主義という二つの要素が混在していた。作家ディケンズ（C. Dickens, 1812～70）の『デイヴィド＝カパーフィールド』（一八四九――五〇）の中に出てくる幼いデイヴィドに対する厳格な（実は冷酷《れいこく》無残な）むちをもってする教育方針は前者を、その後四年にして出版された『ハード-タイムズ』（一八五四）の中に出てくるトマス＝グラッドグラインドの人生観は後者を適切に表わしている。かれはいう。

「……わしの望むものは事実じゃ。この少年少女たちには事実のほかなに物も教えんで欲しいのです。事実だけが人生で必要なのじゃ。その他のものはなにも植えつけんように、他のいっさいは切り抜くようにお願いする。かりにあんたが理性的動物の精神を育て上げようとするならば、事実をもってするほかないのです。それには他のものも役立たぬにちがいない……」

これだけ聞くと大変合理的、進歩的に聞こえるが、かれはいつも得々として数字と事実の人間である自分を紹介し、それ以外の価値については全然理解がない。

「君、わしはトマス・グラッドグラインドじゃ。現実家じゃ。事実と打算の人間じゃ。……いつでも人間性の断片《きれはし》の重さや長さを測って、それがいくらになるかということを精確に君たちに語るつもりでいる。それをはかるのは純然たる数字の問題じゃ、純然たる算術の一例なのじゃ、……」

また同じころ出版されたサッカレイ（W.M. Thackeray, 1811～63）の傑作『虚栄の市』には、この世が虚栄の市であり、金の世の中になってしまったことが描かれていることはあまりにも有名である。功利主義が果たしてきた進歩的役割（特に前期の哲学的急進派）がまだ十分に開花し切らぬうちに、そして必要な改革の多くが、まだ残されているうちに、早くもブルジョワ社会の営利主義と俗流打算的な「功利主義」の風潮がすでに強い潮流となってしまっていたのである。

シジックの功利主義

右のような風潮に対し、イギリスでは再び理想主義の倫理学が強調されて、多くのまじめな学徒をひきつけ始めた。功利主義の流れをうけつぐミルの後継者たちも、この風潮を無視できず、古典的功利主義に、しだいにより多くの修正をほどこしていくことになる。そしてその中心人物が、シジック（H. Sidgwick, 1838～1900）であった。かれはミルの行なったベンタム理論の部分的改訂にあきたらず、利己心説をほとんど全部放棄してしまった。かれによると、真の功利主義は哲学的直覚説の立場に立つものであり、基礎的原理が三つあるという。そしてこの三つの原理は、われわれに直感されるもので自明であり、幾何学上の公理のように疑うことのできないものであるという。それは

㈠　公正の原理
㈡　思慮の原理
㈢　仁愛の原理

であって、第一のものが最も重要であるという。これは「いかなる行為でも、われわれの中の一人が自分にとって正しいと判断するところの行為は、同一事情のもとでは、すべての人々にとっても正しいと判断すべきである」という原理である。第二の思慮の原理とは、「小なる現在の善は、大なる将来の善に対して選ばるべきではない」という原則で、思慮・分別のある者には当然守られていることであるという。

以上の二原理から第三の仁愛の原理が演繹される。仁愛の原理とは「われわれは公平にみて、他人の善が小であり、または不明確であり、または得難いと判断される場合を除いては自己の善と同様に他人の善を見るべく、道徳上、各人は強制されねばならぬ」ということである。

以上の三原理により、自己および他人の幸福または快楽は平等に見られるべきであり、従って、「最大多数の最大幸福」は最高の道徳的原理として容認されるという。このようにしてシジックは、功利主義と直覚説（理想主義）との調和をはかり、究極的には功利主義を救おうとした。しかし時代は、もはや、功利主義を必要とはしていなかった。そしてこの偉大な折衷思想家の名は、割合早く、人びとの脳裡《のうり》から消えていった。

この章の要約

J・S・ミルは、ベンタムにはじまる功利主義倫理の完成者であり、同時にその修正者であった。かれは、師ベンタムと同様に、快楽が善であり苦痛が悪であるという功利主義の基本原理を認め、「最大多数の最大幸福」の実現をもって究極的な道徳とみた。しかしかれは、快・苦の度合いが数量的に計算可能だとするベンタムの考えを否定し、人間には普通の快楽のほかに精神的に高い快楽があることを強調している。また、人間は単に利己的な存在ではなく、他人への同情心と仁愛の衝動をもそなえた存在だと説いた。このようにミルは、これまでの功利主義の機械論的な快楽主義倫理観に、理想主義的・人格主義的な修正を加えていっそう健全な良識に合致するものにしたが、それなりに多くの問題を含むものとされ、現在なお論争が続いている。

まとめ

ミルの倫理思想
- 功利主義倫理とは——幸福を快楽とみて、それに役立つこと（功利）を規準にして善悪を判断する。
- その歴史——F・ベーコン以来、イギリスの道徳説に流れている思想であるが、一九世紀初頭には、理論的に体系化されて、社会的功利主義となった。
- ベンタム
  - 基本的立場——快楽計算が可能だとする機械的・量的功利主義。
  - 主著——『道徳と立法の原理序論』
- J・S・ミル
  - 『功利主義』——功利主義への非難にこたえたパンフレット。
  - 基本的立場——俗流功利主義を否定。快楽の質的差異を認めてベンタム主義修正。人格主義的・理想主義的立場を導入

シジック

- 基本的立場——功利主義から利己的要素を除去。
- 主著——『倫理学の方法』

J・S・ミルを中心とした倫理思想早見表

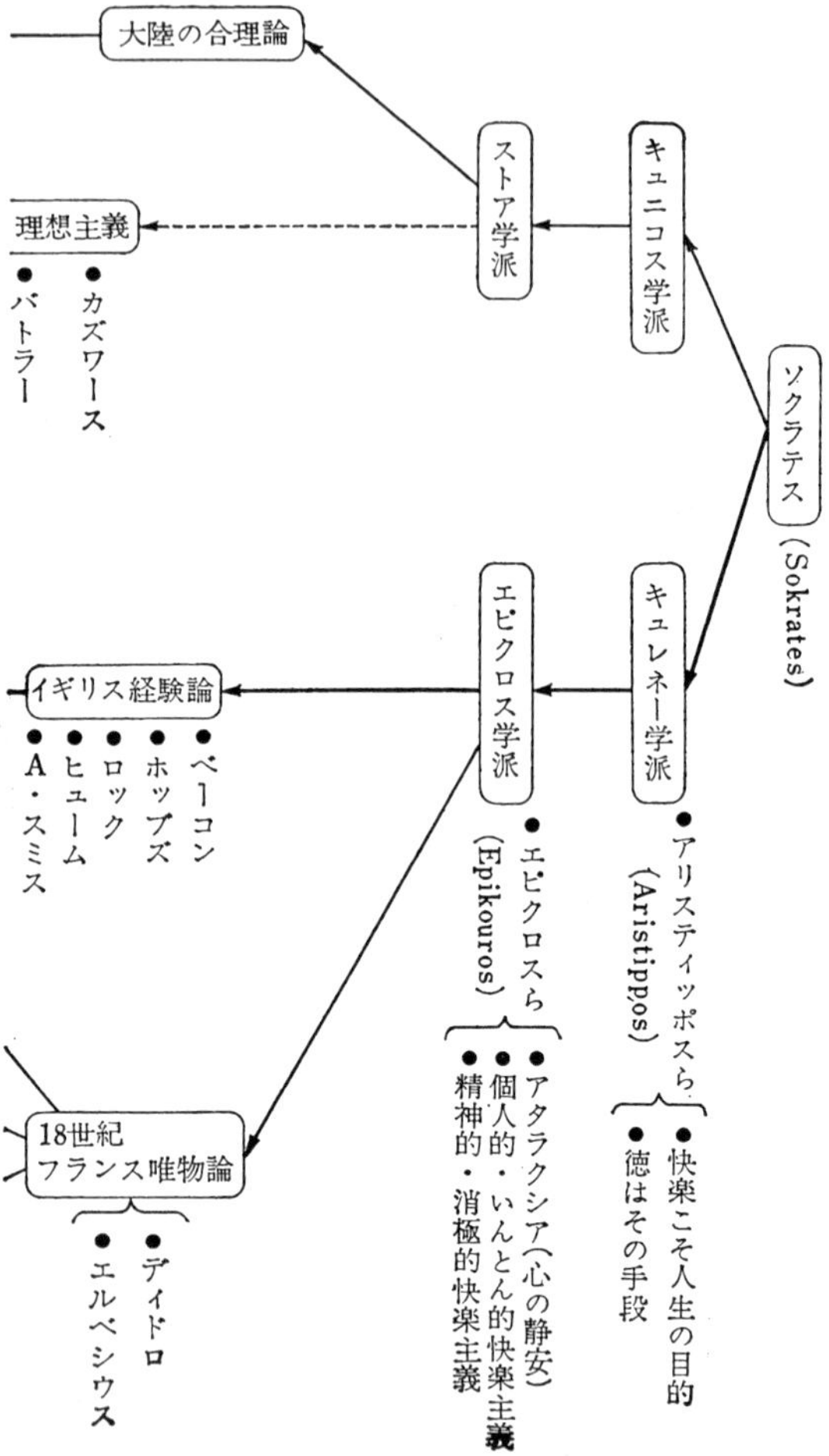

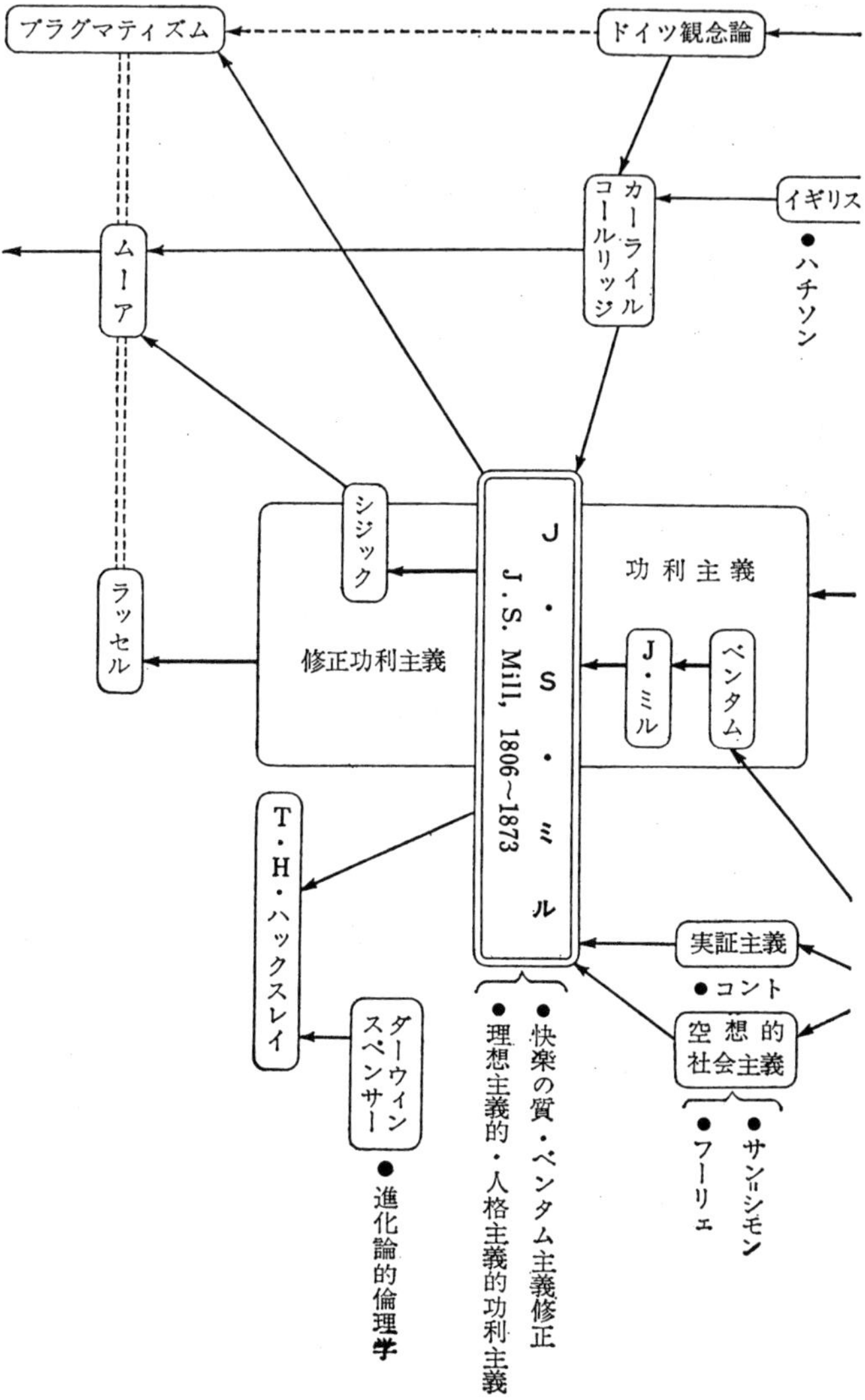
プラグマティズム
ドイツ観念論
カーライル
コールリッジ
イギリス
●ハチソン
ムーア
シジック
功利主義
J・S・ミル
J. S. Mill, 1806~1873
修正功利主義
ラッセル
J・ミル
ベンタム
T・H・ハックスレイ
実証主義
●コント
空想的社会主義
●サン=シモン
●フーリェ
ダーウィン
スペンサー
●進化論的倫理学
●快楽の質・ベンタム主義修正
●理想主義的・人格主義的功利主義

ミルの社会思想

哲学的急進派

基本的姿勢　ミルの師ベンタムの基本的立場は、「社会の利益とは、社会を構成している個々のメンバーの利益の総和だ」ということであった。そして、快楽のプラスと苦痛のマイナスによって個人の利益を数量化し、その合計として社会の利益が計算可能であるという。しかも、なにが快楽であるかということは各人が知っているし、自分自身のために最大量の幸福を獲得することは、すべての理性的存在の目的であるから、各人の行動を放任することが、社会の利益にかなうことになる。このようにして「功利の原理」と、アダム＝スミス以来の「自利選択の原理」によって、ベンタムはブルジョワジーの経済的自由の要求を合理化した。

したがって、「最良の政治は最小の政治」であり、国家の任務は自由と安全の保障に限定される。かれの『民法原理』という書物は、契約の自由とその基礎をなす私有財産制の安全を理論づけたものとして、大陸でも有名になり、かれはまたブルジョア法学の確立者といわれた。

ところが、個人の利益の総和を社会の利益と考えるという場合、ベンタムの「個人」は、現実には、「ブルジョワ個人」であり、特権的貴族に対しては一人として計算されることを要求するが、プロレタリアート(無産労働者)に対しては、その分配を平等化することを躊躇《ちゅうちょ》なく拒否する、という傾向が強かった。

「急進派」

このような功利主義思想をかかげたベンタム一派は、一八三二年の選挙法改正の実現に努力し、哲学的急進派《フィロソフィカル・ラディカルズ》と呼ばれた。当時、保守主義者や特権階級は、この新興勢力に恐れをなしたといわれるが、実際は「急進派」と言っても、「看板にいつわりあり」で、それほどの革新性をもっていたわけではない。

かれは、政治的には代議制民主主義の確立を、経済的には、契約の自由にもとづく自由放任《レッセフェア》を主張し、産業資本の要求を代弁したにすぎなかった。さらにかれらは、一八四七年になると、穀物法の撤廃にも成功して、自由貿易の要求を手に入れ、「自由・平等・財産・ベンタムの天国が到来した。」(マルクス)こうして時代は、初期資本主義の段階から、産業資本確立期へと移行したわけであるが、「急進派」という名前も、このころになると、すっかり色あせて、いまやブルジョワジーの利益保持という保守的側面が鼻についてきた。

当時の労働運動

初期労働運動

こうして産業革命の経過は、一方では、産業資本の確立と、他方では、労働者階級の成立をもたらした。そして、三〇年代初頭の議会改革運動は、イギリス労働運動成立の一つの画期をなすとみられる。つまり、労資の二大階級が明確な姿で登場し、初期資本主義の段階に権力を握っていた大地主や大商人の特権をおさえて、産業資本が政治権力を掌握し、労働者階級とはじめて公然と対立したのである。

このことは、もちろん、労働者の反抗がそれまではまったくなかったことを意味するものではない。初期資本主義段階においても、上層熟練職人層は互助組織たる友愛組合（労働組合の先行組織）を保持したし、未熟練職人層は、機械破壊運動のような盲目的な反抗をくりかえした。近代工業の発展につれて、新しい型の労働者が登場すると同時に、旧い手工業の熟練職人も没落を強いられて、そのたびに過激な抵抗を試みた。ただしこれらの運動は、部分的、一揆的で、合理的な組織とリーダーシップとを欠いていた。

人民憲章

三〇年代初めの議会改革運動は、イギリス労働運動史の転換点であった。つまり選挙法改正を軸として、（旧勢力を打倒するまでは）資本家と労働者の同盟は可能であったが、いまや（打倒されると）資本家階級と労働者階級は主要な敵どうしに転化し、今度は資本家と地主との妥協が成立するようになってくる。権力を握った産業資本は、一八三四年「救貧法」を改正して、労働力確保のためのプロレタリア化政策を行なえば、これに反対する労働者階級は、やがて「人民憲章」（People's Charter）六カ条（毎年議会・普通選挙権・無記名投票・平等な選挙区・立候補者の財産制限撤廃・議員有給制）をかかげて、チャーチスト運動になだれこむ。その場合、「人民憲章」の基本的性格は、二世紀にわたって小生産者の政治綱領として修正・発展してきた小市民的要求であって、決して革新的なスローガンというようなものではなかった。このような性格をもつ「人民憲章」が、当時、労働運動の統一点として存在しえたことは、労働者階級それ自身の未成熟を示すものであった。この辺の事情を、チャーチスト運動の三つの主要な流派を検討することによって明らかにしよう。便宜的に、右派、中央派、左派と呼ぶことにする。

チャーチストの分析

右派は、一般に道徳派と呼ばれ、産業革命によってあまり影響をうけなかった富裕な職人層を基盤とする。その名の示す通り、穏健な闘争方針を主張し、「人民憲章」は元来この派の綱領として出現した。

中央派は実力派と呼ばれ、手織工を中心とした没落熟練職人を基盤に、実力をもって要求を貫徹しようとしたのでこの名が与えられた。ところがこの派は、しだいに初期の革命的精神を失い、小農民や小生産者に土地を分配して農村共同体を復活させようとする反時代的な計画に埋没してしまった。

左派は、中央派のこうした保守化の過程から分配したものである。イギリスに渡った亡命政治家たち、ことにエンゲルス（F. Engels）やマルクス（K. Marx）との交友関係と弾圧の体験を通じて、チャーチズムをプロレタリア社会主義に転換しようという姿勢を示していた。しかし、ときすでに一九世紀も五〇年代を迎え、この派はまだ小数にとどまり、経済的好況と政府の巧みな操縦によって、イギリス労働運動は革命的性格を急速に失っていった。

チャーチスト運動は、こうして、イギリス労働運動の最初の革命的輝きであり、プロレタリアート国際連帯の思想を明確にした点（左派）で、特筆されると同時に、妙に不徹底のまま終わってしまったという面が含まれていた。こうして一九世紀の

チャーチストの運動

後半に入ると、イギリス労働運動には、一般に「経済主義」として特徴づけられるような事態が生ずる。そして労働者階級の上層は、他国より進んだ自国の資本主義的分け前を獲得するのにきゅうきゅうとして、もっぱら職能別組織の新型組合に力を入れ、労働運動の主導権を握るのである。

空想的社会主義

一般的特色

前節で述べたように、イギリスの産業革命は、産業資本家のあくどい利潤追求の衝動の前に、労働者を盲目的な反抗と頽廃《たいはい》に追いやった。また、フランスでも、大革命の結果は、貧農や没落小生産者の共同体や平等社会の夢がうち破られ、資本と賃労働との新たな矛盾が表面化した。ちょうどこういう時期に（労働者としてかれらがいかに考えたらいいかという思想も組織もなかったこの時期に）、資本・賃労働関係から生ずる諸結果に批判を加えた社会主義思想が、先進的ブルジョワジーの間から現われた。サン＝シモン・フーリエ・オーエンらの空想的社会主義（Utopian Socialism）がそれである。

かれらは、現実の資本主義社会に鋭い目を向けながらも、「労働者の貧困は存在したがかれらみずから運動するための条件は存在しなかった」ために、資本主義をのりこえる現実的な手段を見出すことができなかった。そのことから、かれらの社会主義思想には共通して次のような特徴がみられる。

㈠、現実の生産関係や階級闘争からきりはなして、理想社会の計画を考察し、頭の中で合理的に考えた社会主義の計画を、モデル建設によってもたらそうとした。

㈡、そのための方法として、社会一般の人びと、ことにブルジョワ階級の啓発と説得に努力した。

㈢、したがって、まず特定の階級（プロレタリアート）を解放するのでなく、ただちに全人類を解放しようと試みた。

右のような空想性のほか、
㈣、かれらはともに生産力の視点を強調した、ことも記憶しておいてよいであろう。

サン゠シモン　名門の貴族出身で、アメリカの独立戦争や大革命に卒先して参加したサン゠シモン(Saint-Simon, 1760～1825)は、フランス産業資本が未成熟であったことを反映して、産業者(資本家、科学者、労働者を含む)の名のもとに、革命後の反封建勢力を結集しようとした。かれの描く理想社会では、学者や僧侶などの精神的統制者と狭義の産業階級が社会の統制権力の掌握者となり、教会と工場が合理的に運営されて、働く人々の物的・精神的生活が改善されるという。つまり、サン゠シモンの意図するところは、あくまでも消費的な特権階級を敵対視し、この階級に対する「産業者」の優位を主張し、「産業者」の利益を擁護することだったのである。

サン＝シモン

フーリエ

猫と楽隊が無類に好きだったというフーリエ（C.Fourier, 1772～1837）は、商人の子として生まれ、一八二六年の恐慌に直面して、この体験から商業における虚偽と無秩序に、批判と憎悪の念をもった。かれは、資本主義社会の矛盾である恐慌・失業・貧困・滞貨などの問題を痛感し、資本主義の偽瞞《ぎまん》性と掠奪《りゃくだつ》性を指摘した。フーリエの考えた理想社会は、ファランジュ（Phalange）と称する協同組合である。そこでは、生産は社会的に統制され、共同生産消費による一応の共有制が行なわれるが、かれは徹底した平等論者ではなく、私有財産も否定しない。むしろ、経営の利潤は資本・労働・技能の三つに等分されるとした。したがってこの組合は、小所有者・熟練職人・一般労働者の協同組合であって、かれは小生産の社会の再編を考えていたのである。ただ、かれは他の小生産者の社会思想のように復古的ではなく分業と協業にもとづく新しい生産力を肯定した。

オーエン

イギリスの進歩的工場主ロバート＝オーエン（Robetr Owen, 1771～1858）は、以上の二人とは異なって、産業革命による労働者の窮乏化をまのあたりに見た。かれは功利主義がうけついだフランス唯物論哲学から、「人間は環境の産物である」という環境論的教育論を発展させて人格形成論を唱え、労働者の生活改善による倫理の改善を試みた。ここには、労働者への同情と同時に、先進的な産業資本家として、生産能率を高めるための労働力の陶冶《とうや》という配慮があった。

ニュー・ラナークにあったオーエンの工場は、こうした試みの社会的実験であり、その成功は模範的工場として全ヨーロッパの注目を集める。このような合理化を一企業のわくを越えて全社会にすすめようとしたとき、かれは資本家階級の反撃をうけざるをえなかった。かれはその後、アメリカに渡って理想の村「ニュー・ハーモニー」をつくろうとしたり、中間商人の搾取《さくしゅ》を排除する「国民労働交換所」を計画したり、あるいは協同組合組織を作るなど、理想社会に近づくために情熱を傾けるが、いずれも失敗した。しかしかれは、くじけず、その後も労働者の生活改善にひたすら努力し、イギリス社会運動の現実的進歩に貢献した。

ミルとの関係

以上、三人の代表的な空想的社会主義者のうち、ミルは不思議と、オーエンの影響をほとんどうけていない。むしろ、フランスのサン＝シモン一派の影響を一番強く受けているとみられる。『自伝』の中の次の文を読んでみよう。

「……わたくしは、サン＝シモン派の人たちとはたえず接触を続けた。……わたくしは一八三〇年に、サン＝シモン派の首領バザールおよびアンファンタンに紹介された。そしてかれらの教義宣伝が続いている間、わたくしはかれらの論文のほとんどすべてを読んだ。わたくしの考えでは、普通に行なわれている自由主義の学説に対するかれらの批評は、重大な真理に満ちているように思われた。そして、わたくしの目が旧経済学のはなはだ制限的・一時的な価値に目覚めたのも、一部分はかれらの論文に負うところがある。というのは、旧経済学は、私有財産と遺産相続とを不可侵の事実と信じ、生産と交換の自由を社会的改善の究極であると考えてしまっているのである。……わたくしは、かれら（サン＝シモン派）の社会組織が実行可能であるとも有用な働きをなし得るものとも信じなかったが、人間社会のこういった理想の宣揚は、現在の社会をある理想的標準に近づけようとする他の人々の努力に、有利な指導を与えるだろうと期待した。」

ミルの『遺稿』

『社会主義論』

晩年のミルは、社会主義思想が、あらゆる文明国の労働者の間に非常にひろまっていったことに注目していた。かれは、社会主義が提出した諸問題が、現代社会の進展によって、ますます表面に持ち出されるにちがいない、と信じた。これには、同情家として知られるテイラー夫人からの影響が無視できないといわれるが、二人は社会主義に関する論点を検討・吟味し、一八六九年頃にはひそかにいくつかの論文ができ上った。しかし、ミルは生前これらの論文を一般の人々に発表しようとはしなかったし、むしろこれらの論文を基礎として、『社会主義』なる一書を計画していたようである。しかし、残念ながらミルのこの計画は完成せず、死後の一八七九年になって、義娘ヘレン＝テイラーの手で遺稿が集められて、『フォートナイトリイ・レヴュー』誌上に公表される運びとなった。

ミルの『社会主義論』（以後『遺稿』と略す）は、一口で言えば、社会主義に対する経済的分析を企図した未完の書である。かれはこれらの諸問題を徹底的かつ公平に考え、また社会主義理論をもっとも理想的に検討して、社会悪を長引かせず、不必要な衝突をもおこさずに、現状を改善することがなににもまして重要であると考えた。だからかれは、恐らく社会主義の全項目にわたってくまなく考察するような意図をもって、この『遺稿』を書いたものとみられる。

社会主義思想の紹介

この『遺稿』で、ミルはいわゆる社会主義理論を適切にまとめて紹介している。ミルは当時、マルクスの理論には接していなかったし、恐らくマルクスという名さえ聞いたこともなかったであろう。というのは、当時のマルクスは、ロンドンの貧民窟に住む亡命貧乏学徒にすぎず、社会的影響力はあまりにも少なかったからである。

したがってミルがこの『遺稿』で紹介した社会主義の理論は、ことごとく空想的社会主義者の説であった。特にフランスのルイ＝ブラン[1]、フーリエ、コンシデラン[2]、イギリスのオーエンらの説が中心におかれている。当時、エンゲルスはマルクスとともに、自分たち以前の社会主義を「空想的」ときめつけて批判し、自分た

1) ルイ＝ブラン（Louis Blanc, 1811～82）はフランスの改良主義的な国家社会主義者。国家が出資し、労働者が経営に当たる生産協同組合を設立し、資本家的私企業を競争で圧倒し、これを吸収していけば大資本の支配から職人や小生産者を解放しうるとした。二月革命で活躍し、「国立仕事場」はこの考えを具体化したものといわれる。

2) コンシデラン（Considerant, 1803～1893）は一八三〇年代から四〇年代にかけての、フーリエ主義運動の中心人物。かれは評論家としても有能で理論家または政治家としても偉大であった。

ちの説こそ、正しい「科学的」な社会主義であると宣言していたが、逆にミルは、空想的社会主義を高く買い、その学説に敬意を表していた。ミルは次のように述べている。

「社会の害悪を列挙するにあたって、昔の平等主義者は、いつも、道徳的立場からする現存社会体制の非難という線にとどまってしまっていた。ところが、かれらの後継者である現在の社会主義者（空想的社会主義者）は、一層鋭い見透しをもっており、社会の分析をいっそう進めている。」

右の文章中、「昔の平等主義者」というところを「空想的社会主義者」、「現在の社会主義者」という個所を「科学的社会主義者」というように読みかえてみると、マルクス主義者の書いた空想的社会主義批判の文章のようにも見える。

社会主義に対するミルの基本的立場は、一言をもってすれば、「きわめて同情的」というところであろうか。かれは『遺稿』でまず、「人類の意見は、いつも現実の事実を神聖化し、いまだかつて存在しなかったものを有害であるとか、実行不可能なものであるとかいう傾向がある」ことを指摘し、新しい理論である社会主義を、偏見なく考察すべきことを説いている。

初期社会主義者の理論

むかしから社会主義者と呼ばれる人たちは、現存の社会的害悪を指摘して、その根源としての社会のしくみを非難する。かれらの意見によれば、財産および富の生産と分配とに関する社会の現在の仕くみは、一般的幸福を目ざす方法として、まったくまちがっている。

というのは、社会の現在の仕くみでは、うまく防止することができない多くの害悪があるからである。
その社会的害悪とは、第一に貧困である。現代の貧困は、勤勉や節約や功績とほとんど無関係であり、富はしばしばそれに反比例している。したがってこれは、社会的仕くみの最大の欠陥であるといえる。重大な社会的害悪の第二は、非行である。これは犯罪・悪徳・愚行と結びついている重大問題であるが、次の三つの原因に帰する。
㈠　かれらがおちいっている貧困と、それから生ずる誘惑。
㈡　悪い環境に由来する「怠惰」と「ぶらぶら病」。
㈢　㈠㈡の場合を含めて、かれらに対する悪い教育、または教育の不在。
そして、これら三つの原因は、いずれも社会の仕くみの欠陥と考えてよいであろう。

社会主義の経済理論

競争→独占　前節の終わりで述べたような社会についての道徳主義的考察に対して、ミルによれば、現代の社会主義者（空想的社会主義者）は、いっそう進んだ機構的把握をしようとしているとして、つぎの諸点を紹介している。

㈠　資本主義制度の特色である自由競争は独占に導くという理論。ミルは社会主義者のこの考え方を、ルイ＝ブランの『労働組織論』とコンシデランの『社会的運命』の両者から、非常に詳細に展開している。ミルは言う。

「自由競争は、労働者の側から言えば、低賃金の原因であり、生産者の側からみれば、競争で敗北した場合の倒産の原因である。そしてこの二つの害悪は、人口と富が増大するにつれて同様に増加する傾向がある、とかれら（空想的社会主義者）は主張する。かれらの意見によれば、利益は、大地主・金融業者・大資本家以外の人たちには得られないものである。そして資本家の富により、他の生産者は投げ売りを強いられ、市場から放逐《ほうちく》され、労働者は一種の奴隷状態へと転換を強制される。要するに社会は、大資本家中心の新しい身分制度に向かって進んでいるのである。」

またミルは、ルイ＝ブランの説を細かく紹介して、次の趣旨のようにまとめている。

「自由競争は独占化へ向かい、労働者階級の賃金は低下を強いられる。他方では、大資本による独占価格の形成によって、労働者はますます不利な立場におちいり、中・小生産者は没落して貧乏人がふえ、大資本のみが栄える。

ぜいたく品の展示会——万国博覧会(1851年, ロンドン)

浪費と堕落

(二)　資本主義制度はきわめて非生産的・非能率的で浪費性と非道徳性がつきものだという理論。ミルはこの考えを、おもにフーリエ主義者の第一人者として有名なコンシデランの『社会的運命』を引用して紹介している。

「第一に、フーリエ主義者は、現存文明は莫大《ばくだい》な量の労働と人力を、非生産的もしくは破壊作業に用いる、と主張する。……第二に、かれらは、現在の制度のもとにおいて生産に用いられる勤労や諸力でさえも、もしそれらが一層巧みに用いられ指導されるならば、生産するかも知れないよりは、はるかに少量のものしか生産しない、と主張するのである。……この学派の指導的理念の一つは、国の生産物を消費者の間に分配する際に、現在の仕くみがもつ浪費性と非道徳性に着目した観点であり、また分配業者——商人、仲買人、小売商人、雇人などなど——の人員の過剰であり、さらには、このような職業の仕くみがつくり出す頽廃《たいはい》的性格である。」

労働全収権　㈢　労働からつくり出されたものでない財産からの所得を否定する理論。いったい、「労働全収権思想」というのは、リカルド派社会主義者と呼ばれる一派によって生み出された思想である。かれらは、リカルドの価値論に含まれている「商品の価値は、その生産に要した労働量によって決定される」という基本命題を、「商品の価値は投下労働量によって決定されるはずであるが、実際は決定されていないから、労働者階級は不正をうけている」と解釈して、そこから「労働全収権」という思想を導いた。つまり、ひらたく言えば、「実際に働いてつくった人にその物を得る権利がある。あぐらをかいている有閑階級にはその権利はない」という主張であった。

ミルはこの思想を、どういうわけか、「大陸の過激な社会主義の理論で、それが英国に移入してきたものである」としているが、実際は、リカルド派の人たち（ホジスキン・トムスン・ブレイら）が最も強力に唱えた思想であった。ミルは『経済学原理』でも、このリカルド派社会主義を故意に無視しており、『遺稿』でも、わずかに「序章」でふれているに過ぎない。どうやらミルは、この派の思想には初めからあまり共鳴を感じなかったためとみられる。

階級闘争観　㈣　資本主義社会では、資本家階級と労働者階級とは闘争する運命にあり、これを和解させる方法はないという考え。ミルは前にも述べたように、マルクスの理論には接していなかったから、もっぱらコンシデランの著書を引用して説明している。ミルが選んだ個所のいくつかを紹介しよう。

「……自由貿易は……密輸業者や税関吏を破滅させる。……機械の発明は……数千もの労働者を失業させる。……このようにわたしたちの現在の社会組織のもとにおいては、なんらかの善が導き入れられると、つねにそれにともなっていくつかの悪があるということを、次々に証明する多数の事実がある。」「要するに、わたしたちが日常生活のごくありふれたことにまで立ち入って考えるならば、上着や靴や帽子がすぐにぼろぼろにいたんでしまうことが洋服屋や靴屋や帽子屋の利益になるのであり、同様に、ガラス屋は、降雹《こうひょう》で窓ガラスがわれれば利益をえる。石屋や大工は火事でもうける。弁護士は事件の訴訟で金持になる。医者は病人の増加で、酒屋は酔っぱらいの増加で、淫売婦は放蕩者の増加でもうけるのである。もし犯罪や犯行や訴訟が突然なくなったとしたら、判事や警官や監守、それに弁護士や法律官にとっては、どんなに不幸なことであろう。」「文明的労働者は懲役をいい渡されているようなものである。生産的労働が快楽と結びつかないで、苦痛、倦怠《けんたい》及び嫌悪と結びつくように組織されているかぎりは、その労働を避けることができる人はすべてそれを避けようとする。貧困のためにやむを得ない人たちだけが働くことを承知するであろう。そうであるから、社会の富をつくるもの、すべての安楽と贅沢《ぜいたく》との積極的・直接的な創造者である最大多数を占めるこの階級は、いつも貧困と飢餓《きが》と固く結びつくように定められているのである。かれらはいつも無知と堕落《だらく》との奴隷である。かれらは、上流の怠惰な階級のためにすばらしい御馳走と華美な享楽とを用意するために、鍬を使い帳簿台に座って、社会という大きな工場において、卑屈になり、病気にかかり、青白く半死半生となり、ちょうどあの巨大な牛馬のように、いつも生き続けているであろう。」

社会主義理論への反論

ミルは社会主義者だったか

前節では、ミルが『遺稿』の中で、数人の社会主義者の理論を適切に要約し、同情的に紹介していることを述べた。晩年のミルは、たしかに、社会主義の理念に共鳴し、みずから社会主義者であることを公言していた。しかしかれは、いったいほんとうに、社会主義を全体として肯定していたのであろうか？　また、ミルのいう社会主義とはどのようなものであったのであろうか？

結論から先に言ってしまえば、ミルは社会主義の理想には共鳴していたものの、社会主義の理論そのものはむしろ否定していた。ミルは社会主義理論を、けっして統一的に理解しようとはせず、その中に含まれている理論を、いわば「仮定」として、個別的に検討しようという態度をとった。

誇張の緩和

こうしてミルは、社会主義者の理論を、自由競争・独占・貧困・価格・賃金・利潤・地代……というように一つ一つ分離して、正確に、公平に、検討しようという態度をとった。

そして、このような姿勢で社会主義理論を静かに眺めてみると、いずれも、一方的で誇張的な解釈が鼻についた。したがって、社会主義者のこういった目にあまる事実無視や一方的解釈をいましめる意図で、ミルは『遺稿』の中に収められている「反対論の吟味《ぎんみ》」なる論文を書いたという。

自由競争の是非　ミルは、第一に、自由競争は必然的に独占に導く、という社会主義理論を否定して次のように言う。

「社会主義者は――かれらのうちでもっとも開明的な人々でさえも――自由競争の作用については、非常に不完全にして一方的な考え方しか持っていない。社会主義者は競争の結果の半面をみて、他の半面をみのがしている」「なるほど競争は、低い価格と低賃金の原因ではあるが……買手の側でもたえず競争があるのであるから、これらのものの価格がいっそう低くならないようにしているのもまた競争なのである」「実際のところ、競争が双方（売手側と買手側）に自由に働くとすれば、それは商品の価格を特に上げたり下げたりはしないで、価格を均衡ならしめる傾向をもつであろう」

このようにみてくると、自由競争は必然的に独占を生むという社会主義理論はとうてい無理である。しかも、独占理論は事実に反する。完全に自由競争が行なわれた場合は、決してそのような独占形態などは生じない。たとえ独占化傾向があるにしても、完全な独占というようなものは絶対にあり得ないし、独占大企業同志で不断に競争が行なわれるから、大資本↓技術更新↓生産拡大↓生産費低下↓価格低下、という論理をたどって、結局は、消費者労働者の利益にもなる……というようにミルは考えた。

ここでちょっとミルの弁護をしておくと、実際かれが『遺稿』の中の諸論文を書いたとき（一八六九年）には、まだ企業合同（トラスト）などの動きはまだなかった。それにミルという人は、あくまで事実に忠実であろうする思想家（つまり経験主義者）で、この種の問題についての大胆な予言は、これをはなはだ嫌ったのであった。そしてこの二つのことは、ミルの名誉のために、記憶されるべきことであろう。

窮乏化傾向の否定　同じ論文でミルは、ルイ＝ブランの説く「労働者階級の絶対的貧困化傾向論」を批判した。まず、このような主張は、正確な報告や多くの事実に反する。たとえば、イギリスをはじめ文明諸国では、賃金は全般的に増加する傾向があり、賃金の引き下げは、一時的、例外的な現象に過ぎないという。

また、理論的な面からみると、ミルには、いわゆる賃金基金説という考え方が残っていた。この考えは、「労働人口と、労働の購買にあてられる各種資本の合計（基金）との比率によって、賃金は決定される」という考え方で、もっとわかりやすく言えば、「人口対資本（基金）の需要供給関係で賃金はきまる」という理論である。したがって、賃金を上昇させようと思うなら、労働者は刻苦勉励して生産高を増し、基金（賃金として支払わるべき金額）の総量を増加するか、また労働者の人口制限によって一人当たりの基金の分配額を増加するほかはない。

賃金基金説は、実は、正統派経済学の牙城であって、ミルも初めはこの説を受けいれていたが、晩年には左翼陣営から批判されて、これを放棄したという。しかしかれは、賃金基金説を全面的に放棄したのではなかった。このことは『遺稿』においてかれが、低賃金のきまる原因として、生活資料に対する人口の圧迫(＝マルサス理論)をあげていることからも知りうるであろう。ただし、ミルは次のように加えている。

「現在の社会状態のもとにあっては、低賃金の根本的原因である生活資料に対する人口の圧迫は、もちろん大なる害悪であるにしても、決して、しだいに増大するような害悪ではない。むしろ反対に、文明が進歩するにつれて、この害悪は減少する傾向にある。つまり、文明が発展するにつれ、労働者を雇用する新しい道がひらけ、未開拓の分野への労働者の進出が可能となる。さらには、人々の知性と慎慮《しんりょ》とが全般的に改善されることにより、この害悪は減少するであろう。」

ところで、ここでいう「知性と慎慮」というのは、ミルの場合、労働組合運動をも含んでいるし、マルサス流の人口制限という考えも含んでいるとみられる。とも角、

「現在構成されている社会(資本主義)は、奈落の底に沈みつつあるのではなくて、ゆっくりとではあるが、しだいにそこから向上しつつあるのであり、しかもこの改善は、いろいろな悪法がこれを妨げないならば、いよいよ積み重ねられてゆくことであろう。」

という具合にミルは考えていた。

労働全収権の否定

以上のように、独占化傾向も、貧窮化傾向も否定したミルは、つぎに利潤についての、労働全収権的な社会主義者の立場を否定する。利潤は、「利子と危険に対する一種の保険」であり、また「管理という特殊な賃金」であって、いちがいに否定するのはよくない、という。たとえ利潤を全収権論者のいうように、労働者階級に分与してみても、一人当たりはごく僅少であって問題にはならない。だから、この利潤は、積極的に資本として拡大再生産のために用いた方が、結局は労働者の賃金を増加させることになる、という。

地代についても、かれはリカルド的立場（差額説）に立って、その不当な面だけを非難すべきではない、といましめた。もちろん、地主の不労所得があまりに増加するようでは、「公共の福祉」の原理から手なおしをしなければならないし、小作人の生活の安定のためには、穏健な土地国有化政策も、やむを得ないだろう。

19世紀のデモ行進

——このように考えたミルは、一八七〇年ごろから晩年にかけて、「借地改良協会」のために精力的に活躍をしたのである。しかしそうではあるが、ミルは次のようにつけ加えることも忘れなかった。

「……土地は地主にとって祖先伝来の所有物であり、数々の想い出のある尊い所有物である……したがって土地問題においては、行き過ぎないように、地主の立場をも保証し、十分な利益を残しておかねばならぬ。」

階級闘争観の否定

ミルは、革命的・闘争的な労働者に対しては一種の嫌悪を感じていた。急激な社会主義への移行は、人々に多大の犠牲を強い、決して真の意味での改善にはならない。プロレタリアートだけの利益ではなく、全国民的な立場での漸進的改変こそ理想である、とした。ミルはいう。

「それさえ投げ棄てるならば、人類が苦悩から脱却して幸福になれるというような害悪や不正は、現在の社会には存在していない。」

現実の社会は社会主義者が考えるよりもっと複雑であり、われわれの知性を軸として、比較的はっきり見通しのつくものから行っていくほかはない。そしてこの現実的改造案の中に、ミルは、利潤分配の合理化、消費組合や協同組合の設立、土地の漸進的国有化、などの提案を含めていた。

社会主義と共産主義

ミルは共産主義（Communism）と社会主義（Socialism）とを区別する。かれは前者をかならずしも全面的に非難しているわけではないが、一般に後者を採用する。ミルの時代における両者の区別は、現在ほどはっきりしたものではなく、大体同じ意味に使われていた。ミルの説明によれば、一般に両者の区別は、共産主義が「あらゆる私有財産に反対する」のに、社会主義者はたんに「土地や生産用具は個人の財産ではなくて、共同体あるいは団体、または政府の財産であるべきだ」と主張することである、と言う。

純正社会主義と純正資本主義

ミルは、不完全な資本主義と、社会主義又は共産主義の理念とを比較するのでは公正ではない、資本主義の方も、論理的・理想的に整備された制度を考えてみて、それと純正社会主義（または共産主義）とをつき合わせて、比較・検討しなければいけない、と考えた。ミルの述べた有名な個所を引用しよう。

「それゆえ、あらゆる好機にめぐまれている共産主義と、あらゆる苦悩と不正とをもった現在の社会状態とのどちらかを選択せねばならないのなら、そして、私有財産制が現在のように、労働の生産物をほとんど労働量に逆比例して分配するというのなら、――つまり、分配物の最も大きな部分は全然働いたことのない人々に、つぎに大きな部分は名目的に働いた人々に分配され、つらい仕事をする人ほど報酬が減ってゆき、もっとも肉体を消耗することのはげしい労働者が逆に生活必需品を購入することにもこと欠くような状態――こういう事態か共産主義かが二者択一ならば、共産主義のどんな難点も、つり合いからいえば、ほこりのように小さな悪にすぎない。しかし理想的な比較をしようとするなら、最上の状態にある共産主義と、現にあるままではなく、ありうべき形の私有財産制度とをくらべなければいけない。私有財産の原則は、どの国においてもまだ公平に実施されたことはないし、おそらくこの国（イギリス）においては他の国よりもいっそうそうであろう。」

ミルは資本主義と社会主義との比較論を展開するに当たって、二つの基準を設定した。すなわち、

両体制の優劣

(一) 管理者の能率はどうか?
(二) 労働者の能率はどうか?

という二点である。

第一に管理者の場合、資本主義の下では自己の利益の追求が原則であるから、危険をさけようとして管理者の能率は増大する。ところが社会主義の下では、管理者は一般の労働者と同じ程度の分配しか受け取ることはできないし、自己の利害に直接ひびかないから、かれらはあまり最善をつくしてことに当たらないであろう。

第二に労働者の場合、資本主義のもとでは労働者は自己の賃金にのみ関心をもつが、生産全体のことには無関心になる。したがって積極的には能率を上げることはなかろうが、能率給(出来高払い制)などの制度を採用すれば、かなりの刺激にはなろう。また資本主義社会における分業の進展は、それなりに生産力を増加させることであろう。これに反して社会主義の下では、労働者は生産全般にわたって関心をもち、労働意欲は一般に高まって、生産力は増大するであろう。しかし社会主義は、平等主義の立場に立って分業をあま

り取り入れないから、この面での利益は失われるであろう。以上、両体制下における労働者の能率は、長短をともに有するから、ほぼ等しいと考えられるが、管理者の能率は資本主義の方がまさっているから、結局総合的にいって、改善された資本主義の方が社会主義よりも生産力は高い、ということになる。どうしても、「高尚な性質をもつ動機よりも、個人的利害の方が、はるかに経済的には有効な刺激なのである。」

発展的社会主義　このようにみてくると、ミルは社会主義を理論的には全面的に否定したように思われてくる。しかしかれは、経済的な観点からのみ、資本主義と社会主義とを比較したのではない。人間性の発展にとって、いずれの体制がよりよき結果をもたらすのか、功利の原理（最大多数の最大幸福）は、いずれの体制のもとでよりよく実現するのか、という、より高次の段階での比較をも試みようとしていた。そしてこの面に関する限り、ミルは社会主義にかなりの好感を寄せていたと考えられる。

ミルは社会主義のもとで、国家権力が増大し、やがては乱用されて人民を圧迫する、ということはまったく考えに入れてなかったが、社会主義の下でも、よい意味での競争は絶対にあるべきである、と強調した。そしてかれが擁護《ようご》するいわば「発展的社会主義」のもとでも、財貨の全生産高は資本主義のもとにおけるよりも少ないことを容認する方に傾いていた。しかしこのことは、すべての人が合理的で正しいくらしができ、人間性がよりよく発展していくならば、大して悪いことではない。一時的な経済的後退などは、やがてはとり返せることである……という具合に考えていたらしい。つまりミルは、過渡期における特異な社会主義者だったといえるであろう。

社会思想史におけるミルの地位

自由主義の修正

ミルは、自由放任《レッセ・フェア》を唱えるベンタム一派やマンチェスター学派[1]から、自由への熱烈な信念をうけついだ。したがってかれらが、絶対主義国家との闘争を通して発展させた国家への嫌悪感をも、同時に保存していた。政府の権力は、ミルによれば、つねに危険ではあるが、この権力はしだいに減少することを確信していた。したがって、社会正義の実現のための政府干渉も、条件付きでこれを容認しようという方向に傾斜していた。こうしてミルは、自由主義そのものの原則についてはなお執着の色をみせたが、その内容については修正の必要を痛感し、いわゆる改良主義の立場をとるにいたったのである。以下、ミルの社会思想の特色となる点を拾ってみよう。

団結権の擁護

ミルは新しい自由として、団結の自由を擁護した。この種の自由については、先進国イギリスでも、ようやく、一八二五年になって「結社禁止法」が廃止されて認められるように

1)　コブデンやブライトを指導者とする経済的自由主義のラディカル(急進派)。実践家のあつまりで穀物法に反対した。

なったばかりで、自由主義者の間でも統一した見解を欠いていた。ミルはいち早く労働組合を認め、その権利を承認した。ただしかれはこの場合、労働組合の現実的効果に関してはむしろ懐疑的だったという。それはかれの基本的立場が、先にふれたように、「賃金基金説」であったからで、たとえ組合が実力行使をしても、一定の時と一定の所では、賃金のために支払われるべき金額は大体一定で、それ以上にはなりにくいのだから、組合の効力は実際はあまりない、というように考えていたらしい。

所有権と相続の改革　ミルは現在の所有制度が、早晩廃止されることを確信していた。というのは、生産物の分配が、出生という単なる偶然事によって定められることは、あまりにも不合理であって、万人公認の正義の原則にしたがって改良されねばならない、と考えた。

また相続についても、死者の遺産を、遺言もないのに、遠縁の者にまで相続させるようなことは、不合理であって、この際遺産は社会の公有にすることを原則とせよ、という。また遺言があった場合も、「快適な生活をなしうる」以上の相続は認める必要はない。その分は社会全体のための資金とせよ、と説いた。彼はいう。

「(もしこのような改革が行なわれるならば) なに人も個人の目的のために必要以上の巨大な富を、虚栄のゆえにたくわえる必要はなくなり、他方、多くの (貧しい) 人々の生活を引き上げて快適ならしめるであろう。」

土地制度と地代の改革　明らかに土地は、なに人も生産したものではない。したがって土地所有権というものは、元来不合理なものであって、特にイギリスではそうである。というのは、大多数の大地主は都市に安居していて、生産にはほとんど関与していないからである。だから大地主の土地は、正当な保証を与えて、漸次国有にすべきだ、とミルは考えた。（前節参照）

また地代についても、これは地主の不労所得なのだから、地主に一定の保証をした残りの地代は、社会の公有にすべきである、と説いた。つまり、地代の公有説である。ミルは先にもふれたように、一八七〇年に「借地改良協会」の組織ができると、その指導者となって活躍したが、地主の不当な要求に対しては反対運動を起こして小作人のために闘ったという。

労働者階級の向上　ミルは、労働者の生活と地位が向上することを心から願っていた。ただし自由主義の原則からして、一般の労働者の労働立法に関しては、あまり賛意をあらわさなかったが、少年労働者の就業時間を短縮する保護立法等の必要性は認めていた。また労働者の地位が向上するために、

㈠　選挙権の拡大
㈡　国家による一般教育の振興
㈢　労働者の研究活動と公共活動（労働組合を含む）

などを積極的に主張した。またミルが、婦人の地位を向上させるために活躍したことは余りにも有名である。

（後述）

この章の要約

ミルは特異な社会思想家であった。かれは社会主義の個々の理論については反対したが、全体としての理想図に対しては、あふれんばかりの共感と同情をもっていた。またかれは、ベンタムから継承した自由主義を、わずかな修正をもって採用した。しかし現実に直面して、必要な修正をためらわず、そのためかれの立場は自由主義をこえて改良主義に達したといわれる。だが、この転換が果たして正当であったか、また、それで十分であったかに関しては大いに論争のあるところである。一般的に言えば、ミルもやはり「時代の子」であって、伝統的理論に安住しすぎたきらいがあったようである。

ま と め

- ミルの社会思想
  - 自由主義の修正
    - 労働者の団結権擁護。
    - 所有・相続・土地・地代等の制度改革の必要性承認。
    - 労働者の選挙権拡大・婦人参政権主張。
  - 社会主義への傾斜
    - その理念には賛成。
    - 個々の理論には反対。

ミルの『自由論』

自由主義の伝統

私悪は公益　一八世紀初頭のロンドンに、マンデヴィル(Bernard de Mandeville, 1670〜1733) という風変わりな医師が開業していた。かれは、風刺《ふうし》とパラドックスに満ちた『ハチの寓話』(一七一四)という本を公刊して、俄然《がぜん》話題の主となった。この書物は、当時「けしからぬ書物」として、さんざんたたかれたが、初期資本主義社会の一面を伝えたものとしておもしろい。かれによると、繁栄しているようにみえる当時のイギリスも、細部をみるとハチの巣のように、ブンブンと不満が充満している。ではどうしたらよいか。道徳は社会の活力を沈滞《ちんたい》させてしまうからいけない。かえって利己的な衝動を認めれば結果は進歩につながる。だから私悪すなわち公益だというのである。

古典的自由主義　アダム＝スミスやベンタムの考えも、マンデヴィルが極端な表現を用いて述べた線上にあった。つまり、「ひとびとが自由に各自の利益を追求することは社会の利益と合致する」というのである。このような自由主義は、産業革命期のイギリス市民階級の意志の表現であった。

しかし一九世紀に入って、労働者階級の存在がまったく無視できなくなると、この自由主義思想はしだいに破産してくる。労働立法――とくに一八四七年の「一〇時間法」は、アダム＝スミスやベンタム流の自由主義ではまったく説明できないことがらであった。

さらに一九世紀も後半に入ると、「大衆社会」的な状況が見えはじめ、すぐれた少数者を社会の不当な圧迫から守らねばならない、という課題も生じてきた。

こうして、従来の自由主義は根本的に再検討されねばならないところにきていた。そしてこのような事情を背景に、ミルの『自由論』（一八五九）は書かれたのである。この書物はミル夫妻が共同で企てた計画であり、なん回も討論し、検討に検討を重ねて書かれた著述である。そして、出版される前年に急死した夫人（テイラー夫人）にささげられている。

『自由論』の内容

自由についての論究を進めるにあたって、ミルはまず自由の領域を明らかにする。

自分だけにかかわる領域

「人の行為のうちで、社会に対して責《せ》めを負うべきただひとつの部分は、他人に関係する部分である。

もっぱら自分にだけ関係している部分については、その独立はまさしく絶対的である。各個人は、自分自身にたいしては——自分の身体と精神とにたいしては——主権者である。」
この自分だけにかかわる領域が、人間の自由のほんらいの分野である。ここでは
㈠　思想と良心の自由
㈡　趣味及び探求の自由
㈢　団結の自由
の三つが要求される。そしてこれらの自由が尊重されない社会は、その政治形態がどうであろうと自由な社会とはいえない。また、これらの自由が許されていないときには、ひとは自由だとはいえない。他人に危害をおよぼさない限り、すべての個人に完全な自由を与えることは、必要であり望ましいことである。なぜなら、個性の自由・完全な発達こそ、人間の目的だからである。

自由の尊厳性

さて、ミルの立場をここでもう少し検討してみよう。かれの意見によれば、他人に害を与えなければ、個人はどんな危険思想をもっていようとかまわないし、またどんな悪趣味やふしだらをしてもよいという。たとえば、「大酒飲み」や「同性愛」にしても、それが当事者だけの行為ならば、認めてやってもいい。また自分に（精神的・肉体的に）悪影響があるにしても、行為者が成人で、その人だけが苦しむのなら、これはやむを得ない。権力を発動して、「大酒飲み」や「同性愛」を禁止する、

ということは絶対に避けるべきである、という。たとえ法律によって社会から一切の悪を撲滅《ぼくめつ》できるという場合でも、これはよくない。なぜなら、これでは、ほんとうの道徳性は育成されないからである。けだし道徳性とは、誘惑に抗して善を選びとることであり、社会にとって必要なことは、法律的禁止ではなく、すぐれた人格の育成を激励することである、という。

このようにミルは、結局、人間性にひそむ善への可能性に期待し、自由の実践を通じて個性と能力を調和的に発展できるものと信じたのである。つまり、ミルという人は、自由の尊厳性を人一倍強く感じていた思想家であり、社会に対してこれを強く奨励《しょうれい》することを自己の使命と考えたのである。

他人にかかわる領域

次に、他人の利益ないし幸福に害を与えるような行為を考えてみよう。この場合は、当然社会の権力が振われてよい。しかし、権力の根源である社会の多数者の意志が、少数者の利益または幸福を抑圧することもあり得る。そうなれば「多数者の暴政」である。なかでも世論という形をとって現われる「多数者の暴政」はくせものである。これはひとの心をいわば奴隷化するので断固排撃しなければいけない。思想と言論の完全な自由がとりわけ必要な理由はここにある——とミルは考えた。

社会の横暴

ミルはみずからの体験を通して、社会（世論）の横暴がいかに恐ろしいものかを実感した。その体験とは、つまり人妻、テイラー夫人との関係で、世人がはなはだ勝手な興味本位のうわさやら、妙にうがった解釈をして二人の友情関係を中傷したというのである。この場合、テイラー夫人は割合テキパキと行動して世間の中傷などあまり意に介しなかったが、元来神経質なミルには、ほとんどたえ得られぬほどの圧迫であった。晩年のミルは、恐らくこの頃の出来事を回顧しながら、次のように述べている。

「個々人に対して社会そのものが——集団的に暴君としてのぞむとき、その圧制は、官吏の手によって行なわれる暴虐に限られていないということを、思慮ある人々は気付いた。……なんとなれば、（世論による）社会的暴虐は、かつての政治的圧制におけるように、極端な刑罰によって行なわれるのではないが、人間生活の細部にまで、より深く侵透し、精神そのものまでも奴隷にしてしまうからである。ゆえに、役人の横暴に対する防禦だけでは足りない。優勢なる世論、感情の横暴に対しても個人を守る必要がある。また、法律的処罰以外の方法をもって、社会が思想及び習慣を、これに同意せぬ人々にまで無理に押しつけ、社会の風習と調和しない個性はその発達を拘束し、一切の性格を社会の型（モデル）に従って構築せんとする傾向に対しても警戒の必要がある。」

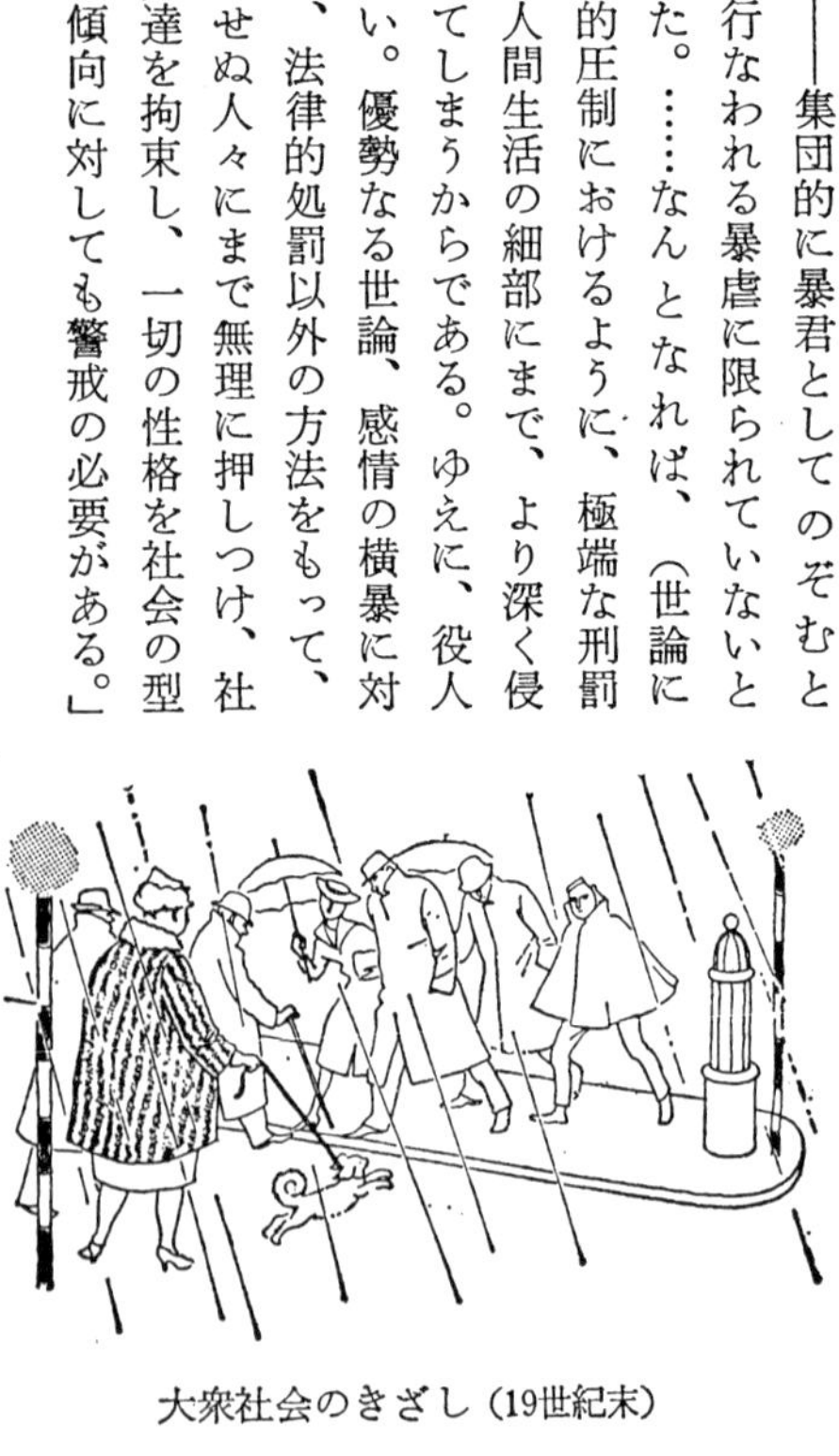

大衆社会のきざし（19世紀末）

自由への不当な干渉

ミルは、個人の自由を圧迫する不当な干渉は、おもに次の二つの原因によると考えていた。

㈠、不当な政治権力
㈡、社会的慣習や道徳律

このうち㈠については、すでにロック以来の闘いを通じて、イギリスでかなりの成果を獲得した。これがつまり政治的自由、権力からの自由ということであって、ミルの時代にはすでにほとんど達成されてしまっていて、問題としては稀薄化する傾向にあった。

ところが㈡については、近年ますます深刻になりつつあり、場合によっては、政治的圧迫以上に恐ろしいものである、とミルは考えたのである。この種の圧制の例（道徳律などが個人を不当に圧迫する例）として、ミルは多くの問題を取り上げている。かれは独特な慣習をもつモルモン教徒[1]が、社会からいかに不当な取り扱いをうけたか、また、「安息日の原則」[2]が、西欧諸国でいかに多くの人々を圧迫したかを、雄弁で力強い言葉で語っている。

1) 四世紀の予言者モルモンの記録にもとづいて、一九世紀アメリカに起こった新興宗教。はじめ、一夫多妻など異なった慣習をもったためひどい迫害をうけた。

2) 安息日には仕事をしたり、快楽にふけったりしてはならないという律法。ユダヤ教では土曜、キリスト教では日曜日が安息日であるが、この律法が悪用されて、私生活への干渉やリンチまでおこしたことがある。

ミルの自由と現代

複雑な状況　ミルはみずから「『自由論』はこれまでわたくしが書いたどの書物よりも長く読まれるであろう」と予言したが、たしかにこの書物は自由論の古典といっていいであろう。公刊後すでに一〇〇年を経た今日でも『自由論』はなお重要な地位を占めているように思われる。そしてそれは、恐らくミルの支持した原理が、その後あまり成功しなかったことによるのであろう。つまり、ミルの時代にくらべて今日の方が、「自由の問題」については楽観できる、という条件が、決して出来てはいないからである。国家からの干渉も、社会からの圧迫も、いっこうに減りそうに思われる理由はない。おまけに、「組織化」の進展によって、官僚主義の問題とか、自由の形骸化の問題とかいう、一層困難な問題が追加されてきた。したがって、現在、**自由のために気を遣う人は**、ミルの時代とはちがった闘いをしなければならないし、自由が滅びてならないのなら、新しい便法を考案しなければならないであろう。

不朽の一節　それにしても、『自由論』の次の一節は、いまなお意味深長な響きをもつと諸君は考えないであろうか。

「われわれは、次の四つの明白な理由によって、意見をもつ自由、意見を発表する自由が、人間の精神的幸福に必要な基礎であることがわかる。

第一に、ある意見が沈黙を強いられるとき、それはひょっとしたら真理である意見かも知れない。ここに真理なしと断言するのは、僭越である。

第二に、黙殺された意見は誤っているかも知れないが、幾分の真理をも含んでいないとは限らないし、また実際含んでいることが往々にしてある。世間の世論《せろん》が一〇〇パーセントの真理をもつことはきわめてまれであり、絶対にないといってもいいくらいである。したがってそこに欠けている部分は、反対論との衝突によってのみ補足されてゆくのである。

第三に、たとえ世論に真理があり、しかも完全に近い真理であるにしても、猛然として真剣にこれに反対することを許さず、また反対する者がいなければ、これに味方する者は大体その合理的根拠を見失って、ちょうど偏見を抱くのと同様、ただただ世論に固執しているようになってしまう。これればかりではない。

第四には、理論そのものの意味が失われ、弱められてしまうおそれがある。こうして、信条は単なる形式的告白となり、人を徳化する力を失っていく。しかも地上一面に蔓延《まんえん》して、理性又は体験に基づく切実な信念の成長・発達を防げるのである。」

この章の要約

ミルは、自由というものを単に政治の領域にとどめずに、社会一般の領域にまで広げた。そして、従来の政治的自由のほかに、いわゆる社会的自由を追加して、社会や世間や他人たちが、個人に対して加える不当な圧力に対しても、極力これを制限しようと考えたのである。この点にミルの功績があり、かれこそ大衆社会的状況の危機を最初に感じとった先駆者であるともいわれる。

しかしかれは、国家権力が再び個人を強力に圧迫し出すかも知れないという点は心配しなかったし、「組織」の巨大化が生む現代病理によって、「自由からの逃走」という、いわば「集団ヒステリー」の中へ人々が巻き込まれるかも知れないという悲劇は予想に入れていなかった。ミルはあくまで、人々の健全な知性に信頼し、伝統的な個人主義と楽観主義とに支えられた思想家であったのである。

まとめ

- ミルの『自由論』
  - 古典的自由主義—個人主義の立場に立ち、政治的自由（権力からの自由）を強調。
  - ミルの自由
    - 『自由論』——一八五九年。
    - 個人主義の立場をうけつぐ。しかし従来の政治的自由に社会的自由を追加。
    - 「権力からの自由」と同時に「社会の多数派の横暴からの自由」を強調。

ミルの政治思想

功利と自由・平等

自由と平等

前章では、主にミルの『自由論』を検討したわけであるが、今度はかれの思想体系の中で、平等の原理の方はどうなっているかを考えてみよう。もちろんミルは、自由の方に力点をおき、自由の価値を高らかに宣言しているわけであるが、他面、平等の原理の方も、決しておろそかにしているわけではないのである。むしろ『自伝』でみずから述べているように、自由と平等の調和がよりよく達せられる状態こそ理想である、とかれは考えた。したがってこの点からみれば、かれの経済学の課題は、「生産物の分配の平等」と「個人の自由の最大限」との持続的調和ということであり、かれの社会哲学の理念は、自由（質的・精神的なもの）と平等（量的・物質的なもの）との調和的発展ということであった。というようにも考えられる。

功利と補助的原理

しかしミルは、その第二期（ベンタム主義への反動期）においてさえ、功利の原理をすべての究極原理としていただき続けたのであるから、この功利と自由・平等とは、いったいいかなる関係に立つのか、という問題が生じよう。

結論から先に言ってしまえば、ミルにあっては、功利が究極原理であり、自由・平等は二つの重要な補助的原理であったと考えられる。したがって、自由・平等は大体において功利の原理と一致するが、一〇〇パーセントに主張できるものではなく、各々制限を有している。自由にも限度があるし平等にも限度がある。そして自由と平等がよりよく調和している場合は、概して功利の原理にもとることはまれである——というように考えた。

調和の哲学

また、ミルの経済理論では、生産法則と分配法則とを分離した点に特色があるといわれるが、まず、自由—生産—平等—分配として、しかもこの分離されたものの中間項に道徳が入りこんできていると考えられる。すなわち、道徳→人間知性への信頼→自由と平等の調和→功利の実現＝人間性の発展、という図式も考えられる（上図参照）。

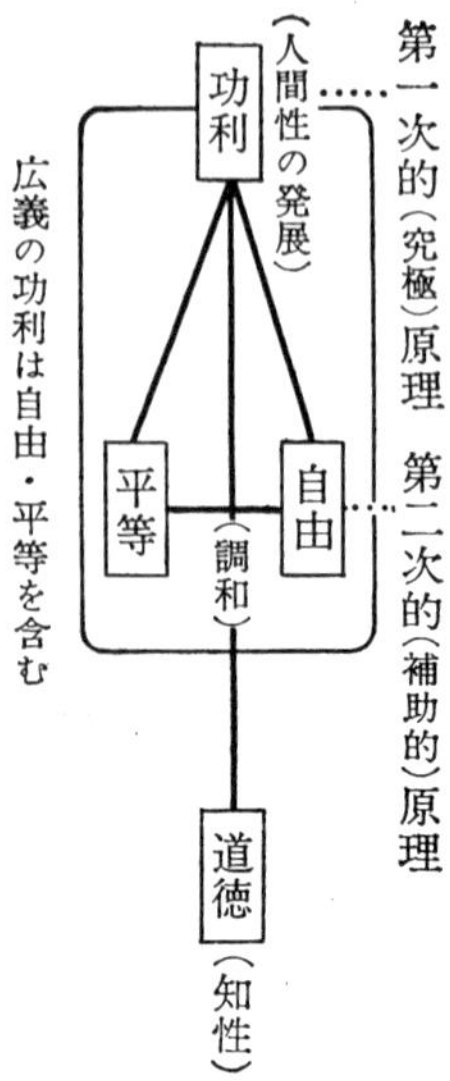

このようにミルはギリシア以来の調和・均斉の立場に立つ思想家であった。ただ根本的な相違点は、ミルにあっては道徳が決して抽象的な観照にとどまらず、具体的な内容と緊密に結びついていたということである。そしてその「具体的な内容」とは、経済的には「生

産力の最大」と「分配分の平等」の調和ということであり、政治的には（次節でみるように）「民主主義の拡大」と「少数優秀者の保護」の調和ということであった。

功利と平等

ところで、功利と平等（自由の場合も同じ）とは、どのような関係にあるのだろうか？　いうまでもなくミルにあっては、功利が第一次的原理であり、平等（自由）は第二次的原理である。したがって、功利の原理に反するような平等（自由）の主張は容認できない。平等（自由）が正当化されるのは、あくまでも功利原理に反しない限りでのことである。

たとえば次の二つの場合を考えてみよう。㈠、貴族制度に反対する平等の主張——は、それを実現すれば社会全体の幸福をもたらす結果になるので、この場合の平等は功利の原理と一致する。ところが、㈡、誤った社会主義社会の悪平等（機械的平等）——は、ずる賢い凡人が得をして、すぐれた天才の意欲をそいでしまうから、社会の発展とはならない。したがってこの場合の平等は功利の原理と一致しないから正当化されない。

人間の尊厳

ところが、次のような場合はどう考えたらよいか。ここに一人の老人がいて、社会への貢献という点では、まったくの無能力者となっているとしよう。功利の原理はこれをどうみるか。表面的に考えると、この老人はこれ以上生きていることが社会の他の成員の負担となることは明らかである。しかし、こういう老人の保護は、他の成員にもなんらかの安心感を与え、社会の発展にかえって寄与するものと考えられる。同様に、動くことの出来ぬ不治の重病人とか、治る可能性のない精神薄弱者とかの場合でも、人間として如何なる発展の可能性も秘められていないとは断言できない。したがって、結局どんな人間でも――高度の不具者をふくめて――高い功利性をもつ、とミルは考えた。

しかしここまで来ると、功利性とはいっても、単なる合理的な功利計算以上のものを含んでおり、したがってミルは人間の尊厳性を信じたヒューマニストであった、というようにも表現できる。

ミルの政治理念

代議政体論

右のようなミルの基本的立場は、かれの政治論にもあらわれている。ミルの政治についての全般的考察は、一八六一年の『代議政体論』にまとめられているが、かれは政治理念としては、自由と平等が完全に調和的に実現したものとしての民主主義を信じ切っている。つまり、すべての人がひとしく政治に参加するという完全平等主義が最上であるし、事実、結局はそうなるのだ、と考えた。しかし、現実の問題になると話は別で、現状では「完全な平等民主主義はある種の害悪をさけることができない」という。それは大衆の低い知性の現状からして、ここで一挙に選挙権が拡大でもしたならば、数の上での多数者が、すぐれた少数者を圧迫することになりかねない、と考えた。

そこで、しだいに量的に拡大せねばならぬ平等民主主義への線上で、その平等主義につきものの弊害を防止し、高い質の民主主義を維持するにはどうしたらいいかという問題が生ずる。そしてこれこそ、**政治論を貫くミルの基本的なテーマ**であった。

ミルがベンタムの量的立場に質的問題を導入したことは、すでに第三章で述べたことだが、政治論においてもかれは、民主主義の量的拡大と質的向上との両者を、調和的に実現しようとくふうしたのである。

比例代表制

そこで、平等主義につきものの弊害――すぐれた少数者を多数派が圧迫するという――を除去する具体的方法としてミルが取り上げた提案が、いわゆる比例代表制ということであった。

現在わが国でも、西独流の選挙制度を導入して、小選挙区制と比例代表制の二つをかみ合わせて実施しようという方向に向かっているが、実はこういう考えのもとは、一八五九年に出されたトーマス＝ヘア（Thomas Hare）の『代議士選挙論』であった。そしてミルはこの論文を推奨《すいしょう》して「この中で提案されている制

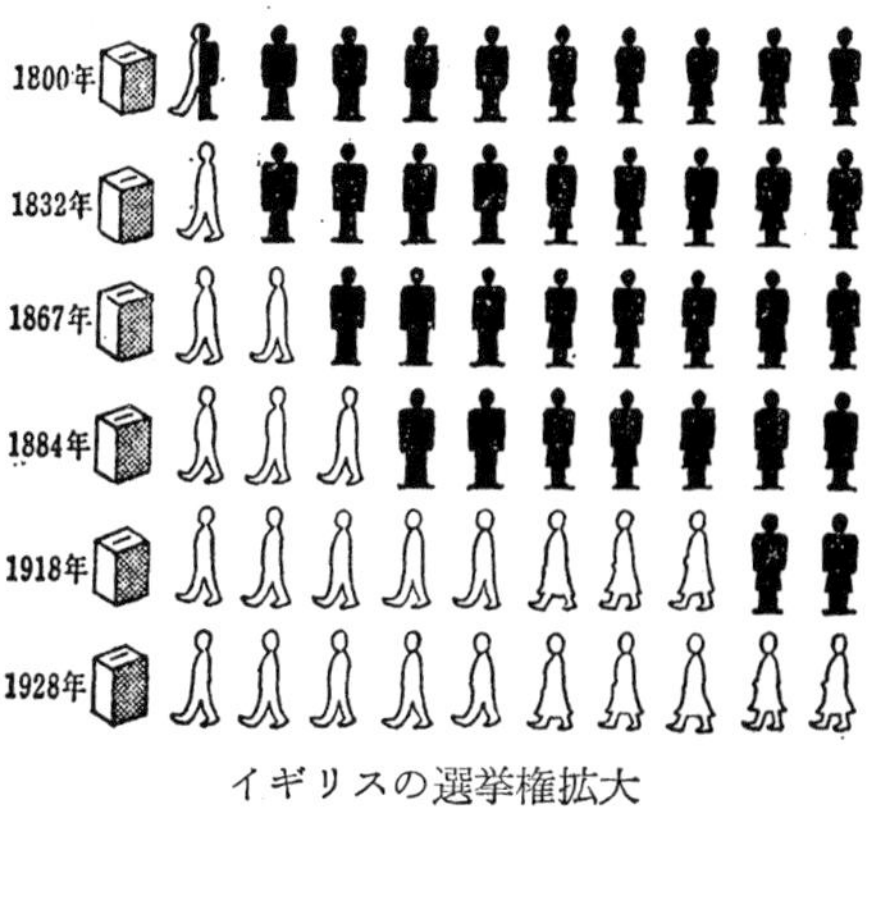

イギリスの選挙権拡大

度こそ、自分がかねてから模索してきた最善の方法である」と述べたのである。このヘアの提案する制度は、「箇別代表制」という一種の比例代表制で、得票総数が一定数に達した少数団体に自選代表者を議会に送ることを可能ならしめようという趣旨のものである。

その方法は、まず、投票総数を議席数で割ったものを当選必要票数として定めておく。そこで、ある候補者が当選必要票以上をとった場合は、投票者があらかじめ希望した順位にしたがって余分の票を次の候補者に移譲する。もし移譲をうけた第二の候補者が当選必要票に達したときは、さらにその余分を指定された第三の候補者に移譲していく。そして議席数が完全にみたされるまでこの手続きがくりかえされる。

このような制度は、比例代表制の中でも、大陸系の名簿式とはおよそ性格の違うもので、単記移譲式又はイギリス式といわれるが、実際にこれを実施するとなると、理論的にもむずかしい計算を必要とするし、技術的にも莫大《ばくだい》な管理体制と資金を必要とする、といわれる。ミルが果たしてこういう細部の技術的処理の問題まで考えに入れたかどうかは明白ではないが、あらゆる困難をとしてこれを実施せよと主張していた。そしてこのようにして、すぐれた少数者の個性と意見を最大限に尊重できるとしたのである。

複数投票制

ミルはさらに、すべての投票に画一的な重みをもたせることに反対であった。つまり、なにもわからない衆愚と、事情に精通している学識経験者が、同じ一票を持つというのは不合理であり、かつ危険である。そこで一般の人の投票を一とすれば、学識経験者の投票は二倍以上、すなわち複数の重みを持たせるべきだとしたのである。

ところで複数投票制というのは、決してミルの発明ではない。かなり古くからいわれた制度で、その限りミルの提案にはなんの新鮮味もないわけである。ただ、従来の提案は、概して、有産者とかその他の特権階級に有利な条件をつくるために考案されたものであるのに対し、ミルは純粋に理想的と考えられる内容をこの制度にもり込んだのである。

さて、学識経験者の投票に重みを持たせる理由はわかったにしても、その限度はどこにおくべきであろうか？　ミルは、これらのすぐれた少数者の複数投票は、もともと批判票として警句を発する意味なのだから、多数派の投票総数をこえない範囲で実施すべきである、と付け加えている。

選挙権の問題　このようにミルは、民主主義の量的拡大と質的向上との両方に気をつかいながら政治問題を考えたのであるが、労働者の選挙権問題についても、ほぼ同様の立場をとっている。かれは結局は、婦人を含める完全な普通選挙制が理想であることを認めたが、それまでの過渡的段階としては次のような方策が賢明であるとした。

㈠　選挙権は一定の教育水準（読み・書き・計算の能力）に達した者に限る。

㈡　選挙権は納税負担者に限る。

㈠の限定は「無教育者は他人の権利を理解できず危険な専制主義に利するから」必要であり、㈡の限定は

「税金を払うものだけが、国家予算などについて関心を持ち責任のある態度がとれるから」だという。

植民地の問題

ミルの以上のような態度から、国際政治へのかれの姿勢もおよそ見当がつくであろう。ミルは、理想としては、大国による植民地支配は廃止されねばならず、一国民が他国民を征服しているという事態はあるべきではないと考えた。ただし現状では、独立して健全な代議政治を持ち得る植民地はほとんど見当たらず、イギリスの歴史的役割はこれらの後進地域における「独立への道」を準備してやることである。そしてこういう高度に政治的な仕事は、イギリスのすぐれたエリート階級によって進められるべきであると考えた。

つまりミルは、ディズレーリ（Disraeli）のような露骨な帝国主義には反発したのであろうが、後年の「イギリス連邦」のように、漸進的でゆるやかな協力関係が最上であると考えていたらしい。そしてこの面ではかれは、他の大部分の知識人と同様に、「時代の子」であったのである。

国民教育

こうしてかれは、民主主義と貴族主義とを調和させたような具体案をつぎつぎと提案するわけであるが、この場合、ミルには一つの根本的

19世紀の軍隊

な前提があった。この前提とは、国家による一般教育の普及である。ただし、ミルは国家自体が教育を担当したり、教育の内容を決定したりすることには反対であったが、教育のための財政的便宜をまず保障すべきである、と考えた。しかし、どのような教育をだれがなすべきかについては、ミルは「教養の充実」ということ以外、語るべきことを持たなかった――というのは、正規の学校教育を受けなかったミルは、当時の学校教育の具体的な姿をおよそ理解してはおらず、したがって実際的な提案にはいたらなかったのである。

ともかく当時のイギリスでは、貴族の子弟のための「パブリック・スクール」（金のかかる私立校。ラグビーで有名なラグビー校はその代表）が繁栄し始めていたが、一般庶民の子弟のためには、教会の「日曜学校」に類する、ひどく遅れた制度しか存在しなかった。そこでイギリスのプロレタリアートの知的水準は問題にならないくらいに低く、この水準の低さが、政治的無関心となり、この無関心がイギリス的寛容を生んだ、とさえいわれるくらいである。かれらは、標準語がわからず、ひどくナマリのあるアクセントを使い、味もそっ気もないくだらない生活に埋没していた。

教養人ミルが、イギリスのプロレタリアートを、他国のそれ以下であるとして信用せず、普通選挙の実施の前に、国民教育の即時実施を叫んだ理由も、以上を背景として理解できるであろう。

この章の要約

ミルは本来民主主義者であったが、すぐれた少数者の個性と意見とを守らねばならないという貴族主義的立場と堅く結びついていた。かれは、民主主義の量的拡大と質的向上という二つの調和こそ大事であると考えた。そしてこのような調和主義的立場から、参政権の漸次拡大、比例代表制と複数投票制の採用、植民地の漸次解放、そしてそれらの前提条件である国民教育の即時実施という一連の提案がなされたのである。これは当時のイギリスにおける教養ある革新エリートの一面をあらわしていた。

まとめ

- ミルの政治思想
  - 調和の哲学
    - 功利――第一次的（究極）原理
    - 自由・平等――第二次的（補助的）原理
    - 自由（生産）と平等（分配）の調和
    - 人間性の実現の強調
  - ミルの政治論
    - 『代議政体論』――一八六一年
    - 基本的立場――民主主義の最的拡大と質的向上の調和
    - 具体的提案
      - 比例代表制・複数投票制
      - 選挙権の漸次拡大等
    - その前提条件――国民教育の普及

ミルと婦人解放運動

婦人問題の社会的背景

女は男のアクセサリーか

「男は神のためにつくられた、そして女は男のためにつくられた……」女は長い間、男のアクセサリーとして生き、実際は家事労働と生産労働の重圧に苦しんできた。「女には、人格をみとめられるどころか、自分の自由になる時間が、ただの三〇分とてもありはしない」――このような状態からどんな方法でぬけ出せるのだろうか？　これが一九世紀の目覚めた婦人達の直面した問題であった。

産業革命と婦人

世界の先進国イギリスでも、一八世紀の中ごろまでは農業国で、おおむね地主の支配する国であった。マニュファクチュアがはじまってからも、女や子どもが糸をつむぎ、男がそれを織って完成し、そのあい間に一家総出で農業をやる――という具合だった。ところが一八世紀末から事情は一変した。近代的な工場があちこちに出来はじめると、貧農たちは祖先伝来の土地から引きはなされて、工場で働くようになる。するとこれらの家では、家族生活の上で大きな変化を受けざるを得なかった。工場で働くようになった父や夫は、朝から晩遅くまで家を外にしているわけで、妻子と徒弟とを統率していく従来の権威ある家長であるわけにはいかない。第一、妻や子供を家でしつける、、、ことさえ不可能になり、家族員への影響も自然に減少し始めた。
ところがこのような変化の直後、今度は婦人と子どもが工場で使用されるということが始まった。機械でやる仕事なら、なにも一人前の屈強な、熟練した成年男子である必要は毛頭ない、従順で賃金の安い女・子どもを使えばいい――これが産業資本家一般の考えだった。だからイギリスの織物工場では、一八四一年から九一年までの五〇年間に、男子労働者は五三％しか増加していないのに、女子労働者はなんと二二一％も増加するという事態になったのである！

婦人問題の登場　エンゲルスは『イギリスにおける労働者階級の状態』（一八四五）の中で、資本制生産のよい餌食となった低廉な女・子どもの労働とその劣悪な労働条件とを細かく叙述したが、マルクスも『資本論』（第一巻）で次のようにいっている。
「イギリスでは、いまでもときどき、河舟をひいたりするために馬のかわりに女をつかうことがある（一八六三年の学会報告）。そのわけは、馬や機械の生産に要する費用は、正確に算出できる量であるが、これに反し、過剰人口中

女性の服装の変化

の女性を生かしておくのに必要な出費はケタちがいに少なくてすむからである。」

こうしていまや本格的な婦人問題が登場した。中世の女性は、なるほど牛馬のように働かされたけれども、それはあくまで家族労働の中でのことであった。しかも近代以前においては、農業労働が基本であり、これは苛酷ではあったが決して危険かつ有害という種類のものではなかった。それがいまや、まかり間違えば命を失くし、あるいは命はかろうじてつなぎとめても、永久の不具者になってしまう――という恐ろしい設備と機械が、女・子どもの前に立ちふさがったのである！

深刻な社会問題

工場で働くようになっても、母や妻にはあいかわらず山のような家事が待っていた。疲れきったからだではその半分も処理し切れず、すべてはおっつけ仕事、特に食事は粗末になり勝ちであった。男は男で、仕事は退屈でつらいし、家は暗くて陰気臭いから、家には欠けている慰安と歓楽を求めて、あやしげな飲み屋へ通うようになる。昔は家長に養われるときまっていた女が、今度は逆に家長にみつぎ、父や夫の遊び金をつくるために工場で働く――こんな娘や妻も出てきたのである。

農園や炉ばたで、父親が子どもたちに聖書物語を読みきかせ、かたわらで貞しゅくな妻がつくろい物をしている、といった姿は、一八世紀にはまだ多かったようであるが、一九世紀に入るとまったく影をひそめてしまった。富裕な家庭の子弟は、ますます生意気になり、貧しい家の子どもは歩き出すとまもなく工場へ送られて、やがて不良となり、スラム街の虫になっていく。

当時の記録によると、炭鉱の狭い横穴を、婦人労働者やいたいけな子どもが、からだじゅうに石炭のかけらをゆわきつけられて、エッチラエッチラとはいずるように運んでくる――という姿さえ見かけられたという。こういう子どもは、やがて顔だけ大人でからだは節《ふし》くれだった奇妙な小人姿になってしまう（文豪ディケンズの小説に出てくる）。また別の記録には、父親がまだ小さな子どもを、朝早く工場におぶってやって来て、一日ここで働かせ、夕刻遅くまた連れに来る。すると、待ち切れなかったように父親の背中に子どもが吸いつき、まもなくスヤスヤと寝入ってしまう。そして昼間は父親は知らないけれど、薄汚い工場の片隅から「いまなん時、いまなん時」と聞く、時計も読めないあわれな子どもの声――こういうことが記されている。そして、スラム、不潔、不道徳、堕落《だらく》、頽廃《たいはい》、事故、病気、死亡……といった悪いことがらが、急速に増加する一方であった。

種々の労働立法

しかしこの時代の世論はかならずしも労働者階級に有利ではなかった。「ある程度は仕方がない。」「あの連中はきびしく扱わねばダメだ。ずる賢こくて大体マジメに働こうとしない。こっぴどくしつけにゃ

工場で働く子どもや女たち

いかん。」「甘やかしたらとんでもない。かれらは図にのってなにをしでかすかわかりゃしない。」――こういう声が割合に強かったという。

けれども一九世紀に入ると、さすがに保守的な議会も、「工場法」を成立させて、工場経営に干渉せざるを得なくなった。というのは、増加する工場が、あまりに非衛生的で非道徳の巣であったからにほかならない。そこで、オーエンらの努力で一八一九年木棉工場法が成立し、九歳以下の子どもの労働限度を週七二時間に短縮した。続く一八四四年の工場法はキャラコ染物工場の子どもの労働を一日六時間半に制限、翌年のアシュレー法は婦人の深夜業を禁じ、その労働時間を一〇時間と定めた。この後も各種工場法が出されて、織物工場以外にも適用されるようになり、やがて政府の工場監督官が工場の通風・採光・衛生などの不備に警告を発することができるような制度をみるにいたる。

ミルの女性論

女性の隷従

ミルの女性解放についての長論文『婦人の隷従』は、以上のような社会的変動期を背景に書かれたものである。これはアメリカの「婦人会議」（一八五〇年）に刺激され、またテイラー夫人の死去を悼《いた》んでまとめられたといわれ、一八六九年には公刊されて、当時勃興《ぼっこう》しつつあった婦人運動に理論的な武器を与えた。
この書物の中でミルは、
㈠　当時の女性がいかに男性に隷従しているか（隷従の現状）
㈡　女性の隷従はいかにして生じたか（隷従の理由）
㈢　女性の隷従に賛成する意見にはいかなるものがあるか、またこれは果たして正当な理由をもっているか（隷従の検討）
の三点について理論的分析をしているが、特に重点をおいたのは、第三の点に関してであった。以下順次にミルの説を紹介しよう。

女性の現状　ミルによれば、現在の女性は法律的にも慣習的にも男性にまったく従属しているという。第一に、妻は財産の管理権をもたず、結婚したとたんに、または財産を相続したとたんに、事実上夫のものとなってしまう。元来妻のものであったはずの財産が、いまや夫の一方的な意志によって管理され使用される。（このような不都合は、一八七〇年〜八三年の「改正財産法」で漸次撤廃された）第二に、夫婦の間に生まれた子どもは法律上夫の子どもであった。（このような不合理は一八八六年の「子供保護法」以来修正された）第三に、夫はいやがる女性を半強制的に妻とし、妻の品位をいやしめ、動物的機能の道具にしてしまうことができた。（この点は、一九世紀末に、婚姻の際の当事者（娘）の同意が実質的に必要となり、また、裁判所における男女の権利の平等、離婚の自由と平等も次第に承認されるようになる）第四に、政治的領域では、当時の女性は選挙権を与えられていなかった。（後述）

このようなわけで、当時の夫婦の間は、優者と劣者の関係であり、その生活は一体とならず、したがって友愛の関係が育ったことはなかった。「妻は家庭の装飾——夫が仕事や遊びから帰ってくる休息所——の一部であった。職業は、今日なおそうであるように、男性の手の中にあった。そして亨楽や慰安もまた大部分男性の手の中にあった。夫は家の中では家長であり暴君であった。そして無責任な暴力をふるい、そうでない場合でさえ、威張りちらし、高圧的になり、みずから威厳を示したりした。しかも、かならずしも苛責をうけなかったのである。」

隷従の原因

次にミルは、女性が隷従を強いられるようになった原因はなんであるかを検討する。結論から先に言ってしまえば、それは、

㈠　男性の肉体的な強さ（強者の法則）

㈡　社会的惰性（慣習）

によるという。つまりミルによると、従来の男性の優位は、女性の本質や人間の自然的状態によるものではなく、もっぱら肉体の強さからくる男性の暴力と無思慮による。しかも、この原始的奴隷制度が継続し、それが男性につごうがいいところから、社会的惰性になって定着したのだ、という。

(二)の点に関してミルの名言を聞いてみよう。

「偏見は感情をよりどころとしているのであるが、もし偏見がものの理を説明するといういやな必要にせまられるときには、それは既存の感情に訴えるという空文句を用いて、議論の中心点の再確認を十分にはたした、とすましてしまうものである。このようにして多くの人々は、女性が除外されている部門は、それが女性的でないからであり、女性にふさわしい分野は政府や社会でなく、私的な家庭生活であると論じたときに、女性の活動分野について設けた制限を十分に正当づけたと考えるのである。」

女性解放の反対論

女性の解放に反対する種々の意見を、ミルは次の三つのグループにまとめる。

(一)　母性であることおよび家事をみるということと外的生活とが一致しない（両立しない）ということ。

(二)　あらゆる職業において、すでに極度にはげしくなっている競争をさらに激化するという不都合。

(三)　外的生活が女性の性格に女らしからぬ影響をあたえるということ。

(一)についてミルは、両者（母性であり家事担当者であることと外的な職業または政治生活）の矛盾は、生じない場合もあるし、また実際に生じる場合でも、（歴史的に常にそうであるように）その矛盾はなんらかの仕方で解決されるであろう、という。そして大体こういうことと、法律的に女子を公の場から締め出すこととは別問題であるとする。

㈡についてのミルの結論は簡単である。曰く、「競争が人間生活の一般的法則である限りは、競争者の半数をしめだすことは横暴である。」

女らしさは必要か

㈢についてミルは、政治生活や職業生活の現状は、女性にふさわしくないことを一応認める。しかし、このような殺ばつたる外的世界は、女性の間にも部分的にみられることであり、暴力的腕力がものをいわなくなっている現在では、女性の参加によってかえって匡《きょう》正できると主張する。また、「職業や政治への参加が女らしさを失わせる」という意見に対しては、男女が平等の伴侶《はんりょ》になることによって、真の友愛が生じ、これこそ最も貴重なことではないか、と反論する。ミルの次の一節を味わってみよう。

「(男女の不平等が存するところでは)男性のあいだで、男らしいりっぱさと考えられてきたものの品格の低下を生じる。女性が男性化すべきでないということによく気づく人でさえも、男性がいままで女性にかくあるべきだと命令してきたものに、男性自身がなりつつあるということ、男性が自分の伴侶たる女性に長い間かかって育ててきた弱々しいものにみずからなりつつあるということ、には気がつかないのである。………(男女が影響し合う今日では)男性は、女性が男らしさを獲得するのでなければ、男らしさを保つことができないのである。」

こうしてミルは、従来「女らしさ」と考えられてきたもの――「弱い肉体に宿る弱い精神」を否定する。

そして「このようなものは、やがて魅力あるものと思われなくなり、愛すべきものとも思われなくなるに違いない」と結論を下すのである。

女性解放の功用

ミルは「女性の解放」は、単に女性にとってだけ必要なのではなく、男性にとっても等しく必要なことだと叫ぶ。つまり女性が解放されることにより、全人類がその利益をうけ、高尚な人間性が倍加されるという。

反対に男女が不当に差別されていると、「それは男性にとっても女性にとっても、等しく状態は悪化していく。そのような状態から、男性に暴力という悪徳が生まれるし、他方女性にはあつかましい策略という悪徳が生まれる」という。

その証拠には、現状で男性が結婚すれば、きまって保守主義に傾いてゆき、かつての理想や革新性を失って、権力の犠牲者に同情する以上にその保有者に共感を抱きはじめる。そして権力の側に立つことが自分の役目であると考えるようになってしまう。

それはつまり、閉鎖された妻には、公共的な美徳が理解できず、「愛らしい態度を装い、義務の仮面をかぶって」家族的利己心——物質的利益と世間なみの虚栄——をひたすら奨励するからである。したがってこういう「女のいやみ」は男にも悪い影響を与えて、全人類を低下させているのだ、という。

女は解放を欲するか

このほかミルは、「女性の解放は女自身が欲していないのだ」という説を取り上げ、これがいかに男性の身勝手な、馬鹿げた主張であるかを示してみせる。ミルはいう。もし女が、そのおしとやかな本性に基づいて、自からを解放されたいというような大それた考えを持たぬというなら、法律的に女性を隷従に強いる必要などないではないか。法律で規制する以上、女の本性から自然に出てくることではないからだ。そして、たとえ女性のある部分がほんとうに、解放されたくないといっても、それは幼少よりうけた躾《しつ》け、教育、惰性以外のなにものでもない、と主張している。

女の中の女の敵

最後にミルは、当時の女流作家のずるさを攻撃している。このころ（一九世紀中葉）、イギリスには多数の婦人作家が輩出していた。『ジェーン＝エア』（一八四七年）のシャーロット＝ブロンテ、『嵐が丘』（一八四七年）のエミリー＝ブロンテ、『サイラス＝マナー』（一八六一年）のジョージ＝エリオットらは特に有名である。ところが彼女たちは（ミルの批判が右のような才女たちを指すかどうかははっきりしないが）、一般に、見栄張りで、社会がかの女たちに割り当てる地位だけに満足し、真の平等や市民権に対する熱烈な要求をしない。それぱかりではない。女性問題では妙に保守的になってしまって、社会（男性）に迎合しようと願う。そして、「そのようにしてかの女たちは、学ぶことが女性を女らしくさせないとか、また女流文学者は家庭では良い妻でないという口実を、男性に（低俗な男性はすぐそのようにいいたがる！）あたえないようにするのである。」

ミルと婦人運動

ミルの提案

ミルは晩年、自由党急進派からおされて代議士となり、婦人参政権を要求した。（一八六五年）かれは、有権者はマン（男子）ではなくてパースン（人）でなくてはならぬ、現に、すべての重要な文書にあるピープル（人民）とは、どう考えても男だけを指すとは考えられない、と主張したが、この提案は、政治の常識に反するとうけとられて、ミルの学識と人望にもかかわらず、七三票対一九四票の大差で否決されてしまった！（ついでに日本でも、大正末期に「婦選」が議会で問題になったとき、故鳩山一郎氏は雄弁をふるって「日本では夫婦は一体であり、夫の考えは妻の考えである。ゆえに女性に参政権という別票を与える必要なし」と述べて圧倒的多数で否決したという）

チャーチズムと婦人

いったい婦人の参政権が、イギリスで初めて問題になったのは、チャーチスト運動（一八三五〜四八）の過程においてであった。この運動はいうまでもなく、成年男子の普通選挙を第一のスローガンとしているわけであるが、このチャーター（憲章）の草案を作成した際、成年女子の選挙権要求も盛りこむべきだとの意見があらわれ、いったん取り入れたが、その後の状勢の変化からこれを削除することになったという。

しかしその後も、「婦選運動」はおとろえず、トンプソンらのオーエン主義者を経て、ミルにバトンータッチされたわけである。

婦選運動　政治性がまったく欠けていたミルは、「婦選」という直接の目的を達成することはできなかったが、『婦人の隷従』という名著を通して、間接的に大きな影響をおよぼした。

北欧諸国――特にデンマークやスウェーデンに共鳴者があらわれ、イギリスでも地方公共団体の中には、婦人に選挙権を与える地方がふえていった。議会でも、婦選案は一八八三年以来しつようにくりかえし提案され、成立の一歩手前までこぎつけたこともある。しかしいつも惜敗をきっし、ほんとうに実現したのは第一次大戦後の一九一八年のことであった。しかしこれは男子と差別された制限選挙権（三〇歳以上）で、完全に男女が平等になったのは一九二八年（昭和三年）になってからである。どこの国でも、革新運動には、長い間のたゆまない闘いが必要であったのである。

本物のフェミニスト　ミルは「婦人の解放」を単に唱えたばかりでなく、実際に、婦人の香り高いヒューマニズムを高く買っていた。かれはテイラー夫人を三〇年の永きにわたって心から敬愛しつづけた。晴れて正式に結婚してからも、二人の友愛はますます深められたという。（これは並々ならぬことである！）しかも夫人が急死してからは、夫人の面影があたかも一つの宗教のごとく、かれを励まし、かれに微笑みかけ、かくて生前と同じように喜怒哀楽を分かち合ったという。そしていま――二人は仲良くアヴィニヨンの墓で眠っている。（さぞ本望であったであろう）ミルこそ、一九世紀最大の、しかも本物のフェミニストであったといえないであろうか。（にせのフェミニストはいかに多いことか！）

男性である読者諸君、諸君は、ミルと同じように、すぐれた女性を生涯にわたって心から敬愛しようと思うであろうか？

女性である読者諸君、諸君は、ハリエット（テイラー夫人）のように、すぐれた男性から生涯にわたって、心から敬愛されたいと望むであろうか？

この章の要約　『婦人の隷従』は婦人問題の古典である。この書物でミルは、男性の奴隷となった女性の立場を、あらゆる角度から弁護し、その解放が人類の向上にいかに役立つかを理論的に叙述した。この書物は公刊後各国に大影響を与え、婦人運動の理論的支柱となった。

まとめ

産業革命
- 「婦人問題」の出現
- 働く婦人、悲惨な婦人の増加

ミルと婦人解放運動

- 『婦人の隷従』
  - 一八六九年公刊
  - 婦人の現状——男性への隷従
  - 隷従の理由——男性の肉体的優越に基づく
  - 解放の根拠——男女双方が利益をうける（人類の向上に役立つ）
- 「婦選」運動
  - 一九一八年——制限選挙権
  - 一九二八年——完全平等参政権

J・S・ミルを中心とした一九世紀思想系譜図

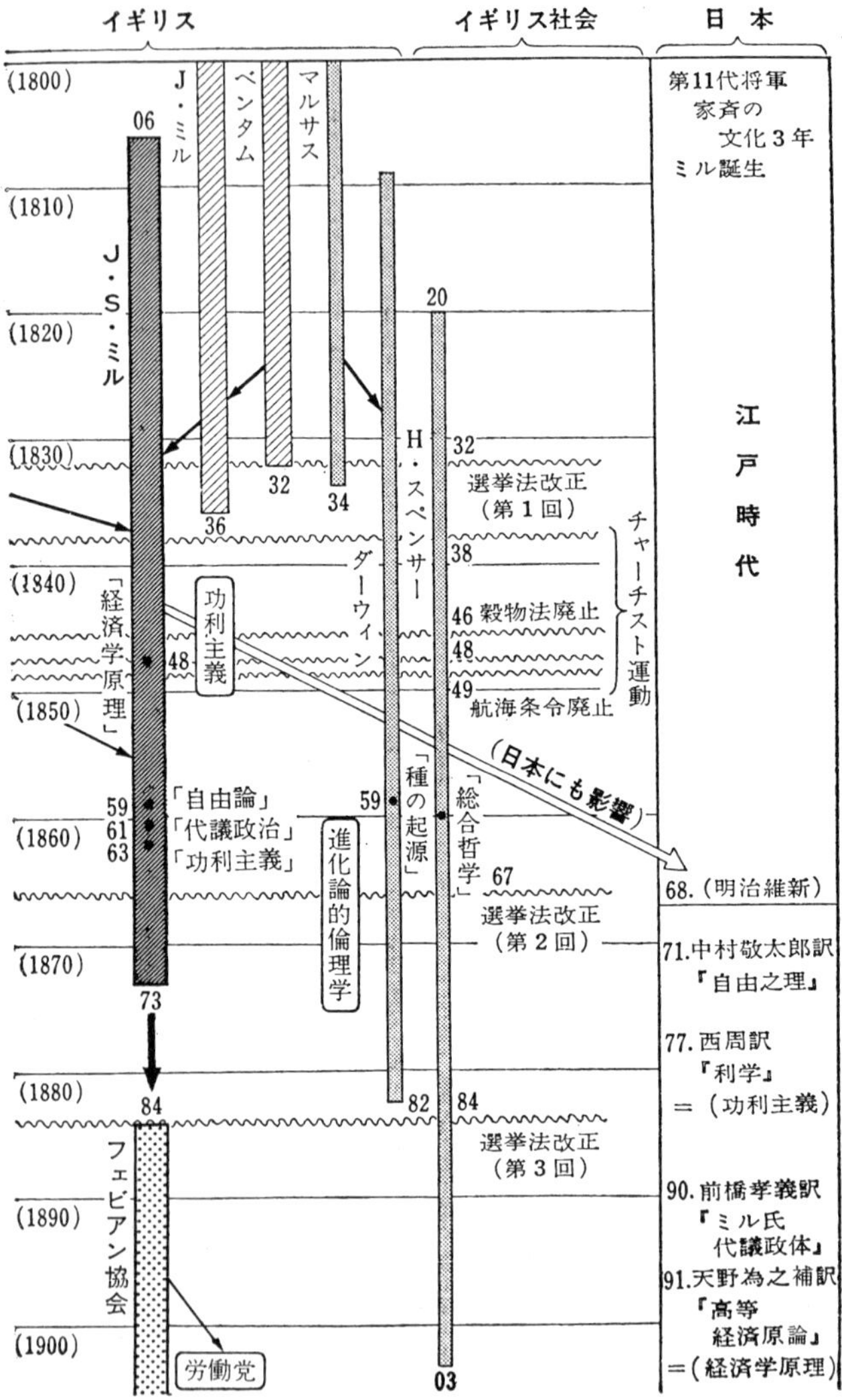

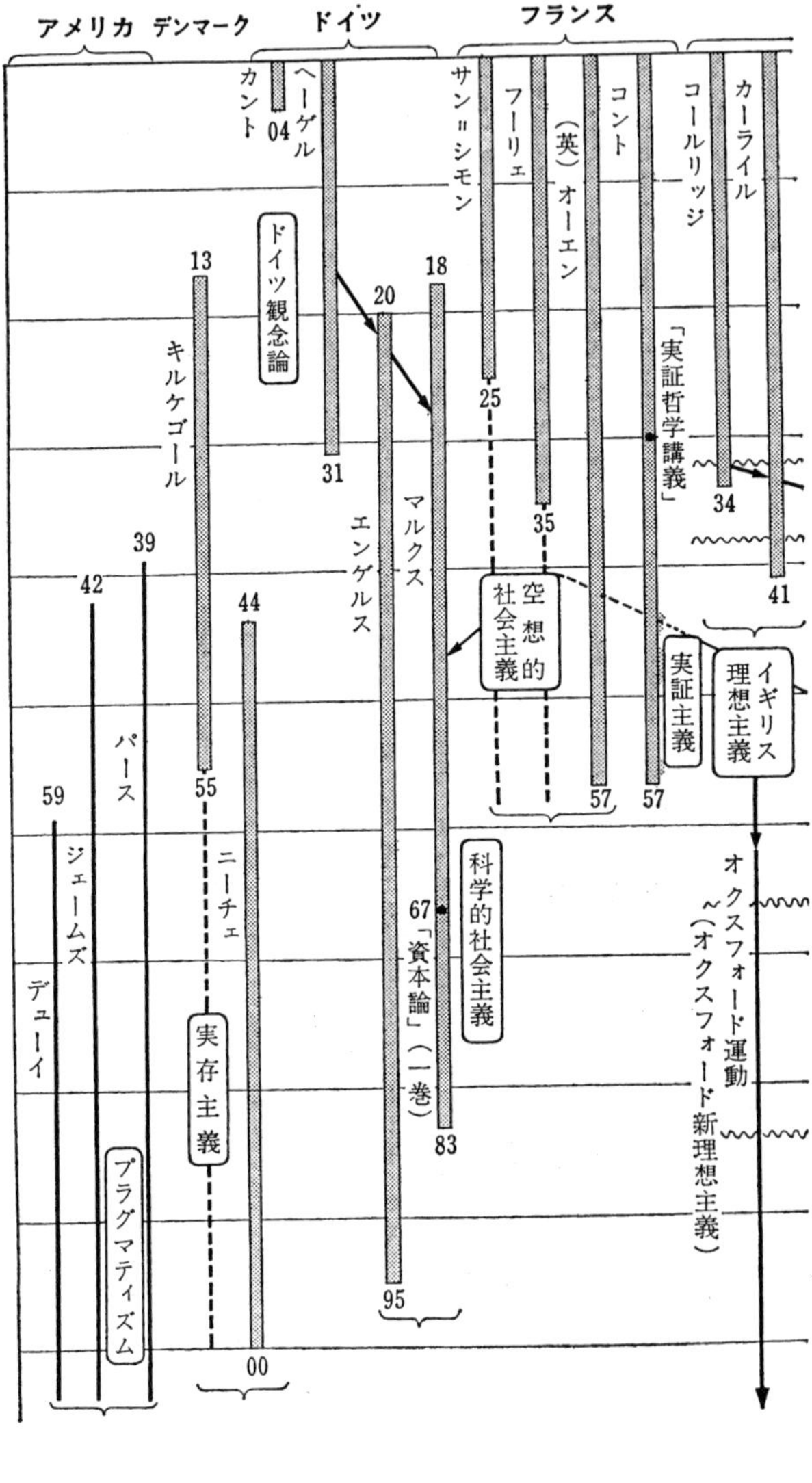
アメリカ
デンマーク
ドイツ
フランス
カント
04
ヘーゲル
31
サン＝シモン
25
フーリエ
35
（英）オーエン
57
コント
57
コールリッジ
34
カーライル
41
ドイツ観念論
13
キルケゴール
55
20
エンゲルス
95
18
マルクス
83
「実証哲学講義」
空想的社会主義
実証主義
イギリス理想主義
39
パース
42
ジェームズ
59
デューイ
44
ニーチェ
00
実存主義
67
「資本論」（一巻）
科学的社会主義
オクスフォード運動
〜（オクスフォード新理想主義）
プラグマティズム

ミルとマルクス

二人の改革者

同時代・同市在住

最後に、ミルと大体同時代の社会に生きたもう一人の社会思想家、カール＝マルクスと、ミルの思想とを比較してみよう。（マルクスについては本シリーズ参照）

マルクスはドイツ西部のライン州に生まれた。（エンゲルスはかれより二歳の年少である）したがってミルの方がマルクスより一二歳（エンゲルスより一四歳）の年長者であった。ミルは一八七三年に死んだが、マルクスの方はちょうど一〇年後の一八八三年まで生きて大著『資本論』と取り組んだ。このように一九世紀のこの偉大な二人の思想家は、ほとんど同じ時期に生きていたのみならず、マルクスの方も大陸からイギリスに亡命して以来、ロンドンに約四〇年も永住していたので、結局二人は、まったく同じ都会の空気を呼吸していたわけである。しかし二人はついに会う機会を持たなかった。

このころすでにミルは、多額の年俸でゆうゆうとくらす上流の名士であり、他方のマルクスは赤貧洗うが如きスラム街でジャガイモをかじる一学徒にすぎなかった。そこでマルクスの方は当然全ヨーロッパに名声かくかくたる経済学者ミルの名を知っていたであろうが、ミルの方はマルクスの存在さえも気付かなかったであろう。もちろん『資本論』（第一巻）はミルの晩年の最も多忙な時期（一八六七年）に公刊されたので仕方がないにしても、「歴史的記録文書」といわれる『共産党宣言』でさえ、ミルは読んでいなかったようである。一流の頭脳が「記念碑的文献」にまったく気づかなかったとは！

共有点をもつ平行線

二人の立場を簡単にスケッチしてみよう。元来二人は、青年時代にはギリシア語の詩を暗唱したりする程の文学青年であったが、二五歳の頃から、決定的に違った方向に歩み出した。そして二人は、ともに一流の思想家になり、すぐれた実践家になり、総合的な偉大な人物になった。哲学者、経済学者、社会学者など、どういわれても通じるほどの、いろいろな面の実力を兼ね具えた存在であった。なかんずく、二人の名をいまなお不朽にしているのは、ともに「人道の戦士」だったということだろう。

そしてマルクスがエンゲルスとともに『共産党宣言』を書き上げ、「(共産主義社会が実現した暁には)各人の自由なる発展が万人の自由なる発展の条件となるであろう」と書いた一八四八年には、ミルの方は世界的に普及した改良主義の教科書『経済学原理』を世に送った。そしてその中には「人類は、現在普通に想像されている以上に、はるかに多くの公共的精神を発揮し得る」という一節がある。一八四九年には、前年の二月革命の興奮がまださめぬうちに、ミルは第二者的な公平さで『三月革命論』を雑誌に寄稿したが、同じ頃マルクスは同じ事件を取り扱ってきわめて実践的な『フランスにおける階級闘争』を書いていた。マルクスが史的唯物論の定式化をした『経済学批判』を世に送った一八五九年は、いうまでもなくミルの不朽の名著『自由論』があらわれた年であった。

二つの社会理念

さて、前述したように、ミルは「教育と知性の改革」を軸として「漸進的な社会主義」を唱えた。デモクラシーの量的拡大も大事だが、同時に、その質的向上も重要だとした。つまりプロレタリアートを含めて全人類の「豊富な、多様な、調和のある」「人格の向上」こそ目標であるとした。

これに対してマルクスは、「階級闘争」によって理想社会への道を切り開こうとした。そのときマルクスの選んだ「歴史の担《にな》い手」はプロレタリアートであり、プロレタリアートとは、人間でありながら現に人間性を奪われている階級である。そこでかれらに人間性を回復せしめること、しかもかれら自身の運動による回復――それが社会主義革命であった。すでにプロレタリアートが「人間性を奪われている」存在である以上は、その回復のみが主たる問題であって、その「人格の向上」は問題ではない、とかれは考えた。

こうして二人の思想は、完全に平行線をたどっていく。なにかのチャンスに、二人がとことんまで話し合ったとしても、恐らくこの二人の考えは変わらなかったのではあるまいか？

後継者たち

マルクスの後継者といえば、レーニンとか毛沢東とか、すぐに数名の名をあげることができよう。かれらはマルクスの理念を、それぞれの現実に生かしたすぐれた指導者であった。

ところが、ミルの後継者は一体だれであろうか？　まず考えられるのは、ミルの継娘であるヘレン＝テイラー女史である。かの女は一八八三年にハインドマンが民主連盟という社会主義団体を結成したときに、ウィリアム＝モリスやマクドナルドとともにこれに参加した。民主連盟が社会民主連盟に発展したときにも、その主要な会員であった。

また、イギリスの自由党の高名な政治家グラッドストーンはミルの崇拝者だったというし、急進派のアンバーレー卿はほとんどなにからなにまで、ミルの追従者だったという。この「なにからなにまで」というのは、ミルの弱点をも受けついだことを意味するが、たしかにアンバーレー卿はミル同様、「知的率直さ」のゆえに政治には向かない人物であった。この人は、一時国会に議席をもったこともあるが、婦人参政権や産児制限についてあまりに率直すぎる提案をし、「嬰子殺《えいじ》し」という悪口まであびせられて落選し、若死にしてしまったインテリである。

このアンバーレー卿の息子が、B・ラッセルで、これまたミルとそっくりのところがある。つまり二人とも、貴族教育をうけ、「知的率直さ」をもち、あまりに潔癖《けっぺき》なため政治性がなく、世に容れられがたい人物である。このラッセルは、幼い頃からミルの礼賛者で、その文体のリズムまで模倣しようとしたというから、相当なものである。

こうしてミルの多様な思想は、イギリスの知的風土の中へ流れこみ、マルクス主義とは異質の立場を形成していった。特に、フェビアン社会主義から労働党の左派の思想に影響を与えたといわれる。（ただしラッセルは最近ウイルソン政府の対米追随政策に憤慨して、労働党を脱党した）また、アメリカのプラグマティズムも基本線では功利主義倫理と大差ないし、特に宗教観ではほとんど同一であるとみられる。だから、ミルの思想は、間接的にアメリカの知性派にかなりの影響を与えたとみられないわけでもない。

こうしてマスクスとミルはそれぞれの分野で、マルクスはおもに社会主義圏で、ミルはおもにアングロサクソン系の地域で、きわめて大きな役割を演じたのである。

エピローグ
——ミルとマルクスの架空の対話——

☆二人はメフィストフェレスの特効薬の力で一日だけ生き返り、相会した。禿頭と白髪の激突が予想されている。

司　会——本日はマルクス主義と社会民主主義のいわば源流であるお二人に集まっていただいてお話し合いをお願いするわけですが、どうかけんかにならないよう、司会者の指示にしたがって御発言願います。

（ミ　ル）禿頭だが端正な態度。

J.S.ミル

マルクス

（マルクス）ムッとしたような態度。さかんに白髪をかきむしっている。

司会――はじめにお二人の生涯で、モットーにしたことからお話し願いましょうか。

マルクス――そうだね。いろいろあるけれど、ダンテのものがいいね。「汝の道を行け、そして人々の語るにまかせよ」だ。

ミル――わたくしのすきなのはフンボルトの「偉大な指導原理は最も豊富な多様性における人間性の発展である」という言葉ですね。

マルクス――（さえぎって）ところが、その人間性の発展は、共産主義社会ではじめて実現できるものなのだ。

ミル――（くびをかしげて）それはどうでしょう。わたくしはあくまで、豊富で多様で調和のある人間性の発展を可能にするような、自由な民主社会を考えているので、共産主義社会の建設というのでは、少し画一的ではないでしょうか？

マルクス――だから君の考えでは、プロレタリアは救われんというのだ！

司　会――（あわてて）まあ待って下さい、今日はお二人ともそれぞれ相手方の文献に目を通していらっしゃっているわけですから、ごく簡単にそれぞれのまちがいの根本を指摘していただきましょう。

マルクス――（ミルに向かって）君の考えは大体、漸進主義かつ折衷主義だ。ブルジョワ的範疇《はんちゅう》をちっとも出ていない。そもそも君はプロレタリアを信頼しておらんじゃないか。君はわしの唯物史観を全然理解しておらぬ。（しだいに熱っぽく）わしは、生産力と生産関係の矛盾的統一としての資本的生産様式を分析しようというのに、君は生産法則と分配法則を分離し、個々の理論に分解して論じようという。これではメチャクチャだ。君のような史観は一種の唯心史観じゃ、いわば唯知史観じゃ。これではプロレタリアは救われん！

司　会――ではこんどは反対論の方を。

ミ　ル――わたくしを漸進主義・折衷主義といわれましたが、問題の両面を注意深く検討し、材料の蒐集《しゅうしゅう》に丹念なことによって起こる漸進主義や折衷主義はよいと思います。無智・利己主義・または不精より生ずる漸進主義は有害であり不道徳ですけれどもね。（しだいに学究的でむずかしくなる。ほとんど聞きとれない）それにわたくしの考えでは、史的唯物論はあまりに実践的な教義となってしまっていて、知的な公平さを欠き、普遍的な理性に不敬であるようにみえます。その上、いろいろな点でつごうのいいデーターだけを利用し、重要な事実のいくつかに目をふさいでしまっているように思えます。

マルクス——だから君はわしの考えを知っとらんというのじゃ。

司　会——まあまあ（割って入る）それでは今度は現状分析を一言ずつ。

マルクス——世界は大体わしの考えた方向に向かったのじゃ。ただ、ロシアとか中国で社会主義が成功するとはわしも予想しなかった。いまや各国の労働者が階級意識に目ざめ、アジア・アフリカ・ラテンアメリカの民族解放闘争とも結びつこうとしている。これもわしが半ばは予想し、半ばは予想できなかったことなのじゃが……。

ミ　ル——そうですね。しだいに民主主義が拡大したこと、婦人が解放されたこと、国民教育が実施されるようになったこと——こういう点では、わたしの期待通りになったわけですが、知的水準が上り、人間性がほんとうに充実し発展できるようになったかといえば、残念ながらこれには懐疑的ですね。もちろん共産主義社会には行ったことはないのですが、どうもその点からいうと不満足で……。

マルクス——（むっとしてなにかいおうとする）

司　会——（再びさえぎって）最後に、現在やりたいことを一言ずつ。

マルクス——まず中ソ論争の調停じゃ。それに人類を核戦争の危機から救うことじゃ。

ミ　ル——わたくしは、大衆社会的な現状をもう少し吟味《ぎんみ》して、必要な警句を発していきたいと思います。世界平和を維持することももちろん大事なのですが……。

司　会——では平和の維持という点ではお二人とも一致したわけですね。本日はお忙しいところをありがとうございました。

☆マルクスは機嫌よく立ってミルと握手しようとする。が、ミルはすでに戸口の方へ行ってしまっていた。

この対談の直後、傍聴者二人にマイクを向けてみた。

アナウンサー――どうですか、いまの御感想は？

傍聴者A（毛沢東に似ている）――（朴《ぼく》とつに）結局、ミルの立場は現状維持に傾いてしまう。ちょっとみるとりっぱではあるが、じつは元気のないブルジョワの知性派にすぎない。しかし、世の中のいやな、わずらわしいかかわりと格闘せずに、抵抗の少ない範囲の改良に満足して、片隅の幸福を営みたいと思う人たちの心には、ぴったりくるから、警戒せねばいけないだろう。

アナウンサー――あなたの御感想は？

傍聴者B（ラッセルに似ている）――（しみじみと）ミルの知的円満さは完全無欠だった、あの横柄《おうへい》なマルクス君との対話においてさえ、繊細な公平さを失わないのだから。ミルの議論が向けられた際、かれの都会風に洗練された言葉でのべられた批判は大抵の場合に当たっていた。ミルの理論的欠陥を指摘することは容易だが、その価値は世界がかれの教えから遠のけば遠のくほど増大する。現在の世界はかれを驚かし、恐れさせもするだろうが、かれの倫理上の諸原理が一層尊敬されたならば、世界は現在よりももっとよいものとなっていただろう。

J・S・ミル年譜

西暦	年齢	年譜	背景をなす社会的事件ならびに参考事項
一八〇六年		五月二〇日、ジェームズ＝ミルの長男としてロンドンに生まれる	ナポレオン、プロシアに宣戦布告。プロシア敗北。大陸封鎖令
〇九	三歳	ミルの天才教育（ギリシア語）はじまる	プロシア農奴制廃止（一八一一） ナポレオンのロシア遠征（一八一二）
一四	八	ラテン語・数学を学ぶ	ナポレオン、エルバ島流刑 ウィーン会議（ヨーロッパ反動時代へ） ナポレオン復位（一八一五） ワーテルローの戦い 神聖同盟・四国同盟
一八	一二	アリストテレス・ホッブズの研究	ギリシア独立戦争（一八二一）
二二	一七	「功利主義協会」の指導	

一八二三	一八歳	『ウェストミンスター評論』誌上で活躍	
二六	二〇	ミルの「精神的危機」はじまる コールリッジ・カーライルらの影響をうける	
三〇	二四	経済学の研究 ハリエット＝テイラー夫人との交際はじまる	フランス、七月革命 イギリス、選挙法改正（一八三二）
三八	三二	『ベンタム論』	イギリス、チャーチスト運動
四〇	三四	『コールリッジ論』	アヘン戦争
四三	三七	『論理学体系』	イギリス、穀物法廃止（一八四六）
四八	四二	『経済学原理』 パリの動き（二月革命）に関心をもつ	フランス、二月革命 イギリス、航海条令廃止（一八四九）
五一	四五	テイラー夫人と結婚	フランス、ルイ＝ナポレオンのクーデター クリミア戦争（一八五三） ペリー浦賀来航
五八	五二	夫人、南仏のアヴィニョンで死去	ムガール帝国滅亡。インド、イギリス領となる
五九	五三	『自由論』その他の論文も出版	

六一	五五	『代議政治論』。南北戦争に際し、北軍側を弁護	アメリカ、南北戦争 ロシア、農奴解放令 ドイツ、ビスマルク時代（一八六二）
六三	五七	『功利主義』	第一インターナショナル（一八六四）
六五	五九	『オーギュスト＝コントと実証主義』『ハミルトン卿哲学の検討』 ウェストミンスター地区より下院議員選に立候補して当選	普墺戦争（一八六六）
六七	六一	セントーアンドリュース大学総長就任講演	マルクス『資本論』
六八	六二	『イギリスとアイルランド』 下院議員選挙に落選	明治維新
六九	六三	『女性の解放』『宗教三論』ほぼ完成	スエズ運河開通 ドイツ帝国成立（一八七一） パリーコンミューン
七三	六七	五月七日アヴィニョンにて死去	

参考文献

ミル自伝（岩波文庫） 朱牟田夏雄訳 岩波書店 昭24
社会思想家評伝（現代教養文庫） 河合栄次郎 社会思想社 昭27
The Life of John Stuart Mill by J. Packe 1954
ミル功利主義 和田聖嗣訳 福村書店 昭29
ミル自由論（英文テキスト） 松浦嘉一注 研究社 昭7
論理学体系（全四巻） 大関将一他訳 春秋社 昭34
女性の解放（岩波文庫） 大内兵衛他訳 岩波書店 昭34
ミル社会主義論 大前朔郎訳 関書院 昭33
ベンサムとコールリッヂ 塩尻公明訳 有斐閣 昭14
ミル 小泉仰 牧書店 昭39
英国社会主義史研究（第一部）（現代教養文庫） 河合栄次郎 社会思想社 昭27
ミルとマルクス 杉原四郎 ミネルヴァ書房 昭32
英国社会史（下巻） トレヴェリアン 林健太郎訳 山川出版社 昭25

さくいん

—完—

I

J. S. ミル■人と思想18　　定価はカバーに表示

1966年10月25日　第１刷発行©
2015年９月10日　新装版第１刷発行©
2021年２月10日　新装版第２刷発行

・著　者 …………………………菊川《きくかわ》　忠夫《ただお》
・発行者 …………………………野村久一郎
・印刷所 ………………………大日本印刷株式会社
・発行所 ………………………株式会社　清水書院

〒102-0072　東京都千代田区飯田橋3-11-6
Tel・03(5213)7151～7
振替口座・00130-3-5283
http://www.shimizushoin.co.jp

検印省略
落丁本・乱丁本は
おとりかえします。

CenturyBooks

Printed in Japan
ISBN978-4-389-42018-5

CenturyBooks

清水書院の〝センチュリーブックス〟発刊のことば

近年の科学技術の発達は、まことに目覚ましいものがあります。月世界への旅行も、近い将来のこととして、夢ではなくなりました。しかし、一方、人間性は疎外され、文化も、商品化されようとしていることも、否定できません。

いま、人間性の回復をはかり、先人の遺した偉大な文化を継承して、高貴な精神の城を守り、明日への創造に資することは、今世紀に生きる私たちの、重大な責務であると信じます。

私たちがここに、「センチュリーブックス」を刊行いたしますのは、人間形成期にある学生・生徒の諸君、職場にある若い世代に精神の糧を提供し、この責任の一端を果たしたいためであります。

ここに読者諸氏の豊かな人間性を讃えつつご愛読を願います。

一九六七年

清水

SHIMIZU SHOIN